행복은
성적순이
아니다

행복은 성적순이 아니다

발행일   2015년 12월 24일

지은이   서 맹 종
펴낸이   손 형 국
펴낸곳   (주)북랩
편집인   선일영   편집   김향인, 서대종, 권유선, 김성신
디자인   이현수, 신혜림, 윤미리내, 임혜수   제작   박기성, 황동현, 구성우
마케팅   김회란, 박진관, 김아름
출판등록 2004. 12. 1(제2012-000051호)
주소   서울시 금천구 가산디지털 1로 168, 우림라이온스밸리 B동 B113, 114호
홈페이지 www.book.co.kr
전화번호 (02)2026-5777   팩스   (02)2026-5747

ISBN   979-11-5585-875-2 03320(종이책)   979-11-5585-876-9 05320(전자책)

성공한 사람들은 예외없이 기개가 남다르다고 합니다.
어려움에도 꺾이지 않았던 당신의 의기를 책에 담아보지 않으시렵니까?
책으로 펴내고 싶은 원고를 메일(book@book.co.kr)로 보내주세요.
성공출판의 파트너 북랩이 함께하겠습니다.

서맹종 지음

행복은
성적순이
아니다

나는 왜 이렇게 불행할까!
고뇌하고 좌절하는 사람들을 위해
한때 불행했던 사람이 쓴 행복 이야기

북랩 book Lab

서언

저자가 그동안의 경험 등을 혼자만 알고 지내기에는 살아온 60년 세월이 너무 아까워 저자의 생각을 글로 씁니다. 독자 여러분께 유익한 글이 되기 바랍니다.

사람들은 막연하게 '행복'이라는 말은 많이 하고 있지만, 구체적으로는 '행복'이 무엇인지 모르는 것 같아서, 이 책은 행복을 정의하고 있습니다.

행복은 돈이나 권력의 소유가 아닌 타인의 만족을 배려하면서 자신도 만족하는 자유를 의미하는 것이며, 출세는 돈이나 권력에 의한 것이 아닌 행복한 사람이 되는 것입니다. 출세를 거창한 것으로 생각하지 말기 바라며, 인생은 행복이 목적이므로 행복한 사람은 출세한 사람입니다. 출세와 꿈은 다르며, 출세하였을지라도 꿈은 있어야 합니다.

출세는 돈과 권력이 아닌 행복(원하는 것을 하는 것)임을 알기 바라며, 마음 먹기에 따라서 누구든지 언제나 행복할 수 있음에도 잘못된 출세(명예와 부를 얻어 나감)를 위해 학생들과 젊은이들에게 학교 성적 따위로 부담되게 하는 것은 부당합니다.

행복은 자신의 마음속에 있는 것이므로 기다리는 것이 아니라 자신이 만드는 것이며, 마음속에 있다고 하여 타인을 생각하지 않고 혼자만 만족하는 것은 행복이 아닙니다. 본 책은 행복을 정의하면서 결론적으로 책의 제목인 '행복은 성적순이 아니다.'를 말합니다. 성적이 좋으면 행복한 것인지, 아니면 성적과 관계 없이 행복한 것인지를 말하는 것입니다.

인생에 굴곡이 없었다는 것은 인생의 참맛을 모르는 것입니다. 살다 보면 슬플 때도 있고 기쁠 때도 있는 것이 정상이지만, 슬픔을 기쁨의 원천이 되도록 해야 합니다. 그러면 슬플 때도 행복을 갖게 되는 것입니다. 슬펐던 자리가 일어서는 자리가 되게 해야 합니다.

화를 복이 되게 하듯이 부정否定을 긍정肯定으로 생각되게 노력하는 것이 행복의 시작입니다. 화禍가 없으면 복福이 없으며, 복福은 거저로 굴러 오는 것이 아닙니다.

당초에는 취미였던 것이 재능이 되고 이를 인정받게 되면 행복하게 되는 것입니다. 청춘이라면 시작한 일을 칠전팔기七顛八起 정신으로 끝까지 해보는 열정이 필요하며, 실천하지 않는 열정은 희망(욕심)일 뿐입니다. 우리는 실천으로 욕심이 아닌 열정이 되도록 해야 합니다.

잊어버릴 걸 알면 뭐 하냐는 식으로 실천하지 않는다는 것은 결국 아는 것이 없다는 것과 같은 것이며, 또 유치원생이나 초등학생도 아는 기본적인 지식을 어른이 실천하지 않는다는 것은 그동안 제반 학습에 시간과 돈만 낭비한 꼴입니다.

아는 게 힘이 아니고 모르는 게 약이라는 말도 있듯이, 실천 없는 지식知識은 무지無知와 같은 것이므로 아는 것이 힘이 될 수 있도록 지식(앎)은 반드시 실천하시기 바라며, 저자가 사자성어 등을 나열한 이유는 앎을 실천하지 않는 것은 모르는 것과 같은 것이므로 알고 실천하기 바라면서 나열한 것입니다.

효孝와 성적이 동시에 좋아지게 하지 않고, 성적만 좋아지게 하는 일방적인 교육은 행복한 교육이 아닙니다. 즉, 성적이 우수한 학교(수도권 지역 학교 등)가 다른 학교(지방 학교 등)에 비해서 월등히 효를 우수하게 실천하는 학교가 아님에도 우수학교로 칭하는 등의 교육방법은 행복을 위한 교육이 아닙니다.

학생들은 돈과 권력을 갖기 위해 공부하는 것인지 아니면 행복을 갖기 위해 공부하는 것인지 알아야 합니다. 돈과 권력은 삶의 수단일 뿐 목표는 아니며, 따라서 학생들이 열심히 공부해야 하는 이유는 행복을 위한 것입니다. 저자가 이 책에서 말하듯이 행복은 마음먹기에 따라서 불행도 행복이 될 수 있습니다. 행복은 자신에게 있는 것이지 성적에 있는 것이 아닙니다.

이 책은 많은 분들의 생각을 저자가 표현한 것일 뿐 저자가 한 일은 없으나, 인용부분 일부는 여러 사정으로 인해 저작권자에게 일일이 허락받지 못하게 되었음을 양해하여 주시기 바랍니다. 책을 쓸 수 있게 각종 자료 등으로 도와주신 분들께 감사드립니다.

통영에서 저자가

이 책의 차 례

· 0 0 4 ·
서언

· 0 1 0 ·
행복이란

· 0 3 2 ·
긍정은 행복의 시작

· 0 4 9 ·
입장을 바꾸어 생각하는 행복

· 0 7 6 ·
행복한 생활

· 0 9 8 ·
행복을 향하는 길목에서

· 1 2 4 ·
행복한 인성

· 1 7 0 ·
실천하는 행복

행복이란

행복이란 돈이나 권력을 소유하는 것이 아닌 '제한된 자유'를 의미한다. '제한된 자유'를 더 풀이한다면 혼자만이 느끼는 만족이 아닌 타인도 축복할 수 있는 만족이 행복이다.

국어사전에서 자유를 '남에게 구속을 당하거나 무엇에 얽매이지 않고 자기 뜻에 따라 행동하는 것'으로 정의하고 있다. 그렇다면 행복이란 자유와 같은 것임에도, 자유라는 말보다는 행복이라는 말이 더 듣기 좋은 말이므로 '자유' 대신 '행복'이라는 말을 사용하는 것으로 보인다.

예를 들어 두 사람이 등산하여 한 사람이 산의 좋은 경치를 보고 행복하다고 생각할 수는 있겠지만, 이 사람을 위하여 함께 등산했던 사람에게는 피곤한 일이었을 수도 있다. 물론 같이 등산한 사람에게서 피곤한 기색을 찾을 수는 없었겠지만, 타인을 생각하지 않고 혼자만이 행복하다고 느끼는 것은 진정한 행복이 아니다.

좀 심각한 말이지만, 인생은 행복하기 위해 사는 것이지 불행하기 위해 사는 것이 아니다. 물론 행복은 일상적인 생활 속에 있는 것이지만, 의미 있는 일상생활이 되기 위해서는 행복의 대상이 되는 삶의 목표가 있어야 하다

삶의 목표를 생각하지 않는다면 '내가 밥을 먹기 위해 사는 건가?' 등의 회의적인 생각을 할 수도 있다. 그러나 삶의 목표(꿈)가 있게 되면 이처럼 회의적인 생각을 할 수 없게 된다. 왜냐하면, 목표를 향해 전진하는 사람이 회의적인 생각을 할 여유도 없겠지만, 살아가는 목표가 밥을 먹기 위해 사는 것이 아님을 알기 때문이다.

저자는 가끔 '내가 뭐 하는지?', '산다는 게 뭔데?', '시간은 돈이다.' 등 허무하고 이상한 말을 듣곤 한다. 그럴 때 저자는 살면서 현재를 느끼는 지금이 가장 소중한 시간이고, 현재를 느끼지 못하는 것은 인생을 모르는 것이라고 말하곤 한다. 현재의 삶이 중요하지만, 자주가 아닌 가끔은 지난 삶을 돌아보고 타인은 생각하지 않고 자신만 좋아했던 잘못된 삶이 있었다면 정정하면서 살아가는 행복을 가지자.

부모 없는 손자와 함께 어린이 놀이터에 온 할머니가 손자 때문에 아프지도 죽지도 못한다면서 울던 가슴 아팠던 일이 기억난다. 그 할머니는 돌아가셨겠지만, 30세가 넘었을 그 손자는 어떻게 자랐을까?

저자가 말하고자 하는 것은 할머니와 손자의 행복에 대한 것이다.

먼저 할머니의 행복에 대한 것이다. 할머니는 부모 없는 손자가 애틋하여 손자를 위하여 놀이터에 온 것이지 자신을 위하여 놀이터에 온 것

이 아니다. 이처럼 할머니는 자신은 두고 손자의 기쁨을 위해 놀이터에 온 것이며 평상시에도 할머니가 손자를 대한다는 것은 할머니에게는 행복한 일이 아니었을 것이다.

다음은 손자의 행복에 대한 것이다. 어린 손자는 할머니의 생각이 어떤지 알 필요 없이 놀이터 기구를 이용하기에 바빴다. 비행기도 타고 자동차 운전도 해보는 등 손자는 마냥 즐거웠으며 이것이 손자에게는 행복이었다.

이처럼 할머니와 손자는 같은 곳에서 각기 다른 불행과 행복을 느낀다. 손자는 당시에는 어렸기 때문에 아무런 생각 없이 행복할 수밖에 없었겠지만 다 자란 지금쯤은 놀이터 기구를 이용하지 않고 기다리던 할머니가 행복하였다고 생각하지는 않을 것이다. 하지만 당시 할머니는 손자를 대할 때마다 애틋하였겠지만, 손자의 기뻐하는 모습이 얼마나 좋았을까? 여러 사정을 감안한다면 둘 다 불행하다고 생각할지 모르겠지만, 당시(놀이터에 온 것)만을 생각한다면 둘 다 행복한 것이다. 지금 현재를 생각하자.

자기 생각에 따라서 행복과 불행은 엇갈린다. 즉, 행복할 것인지 불행할 것인지는 자기 생각에 달려 있다. 여러분께서는 어느 것을 생각하면서 생활하고 싶은가?

상품의 진가는 그 상품을 평하는 사람이 생각하기 따라서 정해지는 것이므로, 평하는 사람이 가짜라면 가짜이고 진짜라면 진짜인 것이다.

즉, 진짜일지라도 가짜라고 평하는 사람에게는 가짜가 되는 것이다. 여러분은 가짜라는 생각으로 그 상품을 대하는 것이 좋다고 생각하는가? 차후에 가짜임이 밝혀질지라도 현재는 진짜라는 생각으로 그 상품을 대하는 것이 자신을 행복하게 하는 것이다.

저자가 말하는 것은 그때그때 행복을 즐기자는 것이지 다른 일을 생각하자는 것이 아니다. 삶에는 오르막도 있고 내리막도 있으며, 내리막을 가는 사람이 오르막을 생각하면서 간다면 불행하겠지만, 현재의 내리막만 생각하면서 간다면 아주 행복한 길이 될 것이다. 행복은 자신이 자신의 마음속에서 만드는 것이다.

세 잎 클로버는 행복을 의미하지만 네 잎 클로버는 행운을 의미한다. 즉, 행복을 찾아야 행운을 가질 수 있음에도, 행복 없이 행운만 찾으려고 하지 말아야 한다. 세 잎 클로버는 어디에나 있음에도 네 잎 클로버만 찾으면서 행운이 없다고 하는 것은 찾은 행복을 놓치는 것이다. 네 잎 클로버를 못 찾아서 불행하다고 생각하지 말고, 세 잎 클로버를 찾은 자신은 행복하다고 생각하자. 행복은 멀리 있는 것이 아니고 자신의 마음속에 있다.

꿈이 없는 사람의 천진한 웃음은 행복한 웃음이 아니며, 또 꿈이 없는 사람은 실현될 꿈이 없으므로 꿈이 실현되는 기쁨을 느낄 수 없다. 마찬가지로 실현될 가능성이 희박한 이상적인 꿈을 가진 사람에게는 행복을 느낄 기회가 희박하다.

이처럼 꿈이 없거나 있어도 이상적인 꿈은 희망일 뿐 꿈이 없는 것이므로, 꿈이 실현되는 기쁨을 가질 수 없게 된다. 우리는 실현 가능성이 희박한 높은 꿈이 아닌 실현 가능성 있는 꿈을 향해 전진해야 할 것이다.

하늘의 별을 따고 싶다는 말이 저자가 말하는 꿈인지 희망인지 생각해 보면, 이 말은 실현 가능성이 전혀 없는 말로 희망일 뿐이다. 즉 이 말만 본다면, 꿈이 없다. 우리는 실현가능한 꿈을 가져야 한다.

못살고 가난한 나라의 국민일수록 행복지수가 높다. 그 이유는 여러 가지가 있겠지만, 전부 가난하니까 자신이 가난한 것인지를 못 느껴서 그럴 것이다. 즉, 가난한 나라의 국민은 가난을 못 느끼므로 남들보다 가난하다는 상대적 박탈감에서 오는 불행은 있을 수 없다.

가난한 사람이 상대적으로 박탈감이 적은 이유는 서로 간에 경쟁할 일이 많지 않기 때문이다. 서로 가난하니까 서로 도와야 하고, 또 가진 게 많지 않으니까 도와준다고 해도 자신에게 부담될 정도로 크게 도울 수도 없다. 그러므로 서로 작은 도움들을 주고받는 것이 보편화한 것이다. 예를 들어 부자 나라에서는 백만 원을 빌려달라고 하는 것이 가난한 나라에서는 쌀을 빌려달라고 하는 것과 같다고 할 것이며, 이렇게 가난한 나라에서는 쌀만 있어도 만족하지만, 부자 나라에서는 그러하지 아니하다. 따라서 가난한 나라에서는 상대적으로 자신이 타인보다 부족하다고 인식할 수 없으므로 행복지수는 높게 되지만, 비교되지 않는 혼자만의 행복은 진정한 행복이 아니다. 즉, 어린아이의 환히 웃는 모습에서 행복이 느껴지듯이 인간의 원초적인 모습에서 행복을 느끼게 되기도 하지만, 이것은 진정한 행복은 아니다. 즉, 공동생활을 해야 하는 사람이 경쟁 없이 항상 원초적으로 살 수는 없으므로, 경쟁 속에서 행복을 가지도록 해야지 무인도 생활과 같이 경쟁 없는 생활에서 혼자만이 행복하다고 느끼는 것은 경쟁하면서 살아가야 하는 우리에게는 의미 없는 행복이다.

가난 등 무소유로 비교 대상이 없게 하는 것은 위험한 일이다. 왜냐하면, 일명 '고스톱'에서 피박 당하지 않으려고 피 없이 지내다가 본의 아니게 피를 가지게 되어, 결국 피박 당하는 것처럼 본의 아니게 언젠가는 비교(경쟁)될 수밖에 없기 때문이다. 처음부터 타인과 비교하면서 '고스톱'을 쳤다면 피박 당하는 일은 없을 수도 있었을 텐데….

학교에 성적이나 시험이 없다면 자신이 공부를 잘하는지 못하는지 알 수 없으니까 공부 못해서 불행하다는 마음은 안 가지게 되겠지만, 학교에서 시험을 보고 성적을 매기는 순간부터 남들과 비교당하게 되니 남들보다 시험을 못 보게 되면 자신은 불행하다는 마음이 생기게 된다.

이처럼 상대적 박탈감은 경쟁에서 오게 되며, 경쟁에서 낙오하는 사람은 불행함을 느낀다. 그렇다면 경쟁에서 승리하는 것은 행복을 느끼게 하는 것이므로, 성적이나 시험에서가 아닌 자신이 좋아하는 경쟁에서 승리하여 행복을 느끼도록 해야 할 것이다. 불가능하다고 생각되면 이를 가능한 것으로 만들자. 과거에 길이 없으면 길을 만들고 무無에서 유有를 창조하였듯이, 사람 사는 세상에 불가능은 없다.

○○대입시에서 최초합격자 가운데 등록하지 않아 수시모집으로 추가합격한 학생수가 증가하고 있다. 이는 타 대학 의과대학에 중복합격한 수험생들이 ○○대 등록을 포기하고 타 대학 의과대학에 등록했기 때문인 것으로 추정된다.

이처럼 자신의 적성에 맞지 않던 ○○대 등록을 포기하고 자신이 원하는 곳에 등록하는 것은 좋은 현상이지만, 대학 최초합격자가 자신의 적성과 관련없이 로또 식으로 선택하였다는 것은 잘못된 것이며, 또 타 대학 의과대학에 등록한 학생들도 자신의 적성에 맞는 의과를 선택을 한 것인지도 의심되지만 학생들의 행복은 자신의 적성에 맞는 학과를 선택하여 공부하는 것이다.

자신이 남보다 시험을 잘 치든 가난하든 아무렇지 않아 하는 사람은 경쟁심리가 없는 것이며, 경쟁심리(자존심)가 없는 사람은 아무도 없다. 남보다 시험은 잘 보고 싶어 히거니 부지기 되고 싶이 하는 경쟁심리 때문에 상대적으로 시험을 못 보거나 가난해지면 불행을 느끼게 되는 것이다. 하지만 사회생활은 성적이나 시험 등 자신이 좋아하는 것만으로 경쟁하는 것이 아니며, 싫어하든 좋아하든 경쟁하게 되는 것이므로 될 수 있으면 싫어하는 것보다는 좋아하는 것(자신감 있는 것)으로 경쟁하면서 살아가도록 해야 할 것이다. 즉, 자신이 좋아하는 일이 농부나 어부의 일이라면 그 일을 선택해야지, 당시 환경에 따라 어쩔 수 없이 자신의 적성에 맞지도 않는 직업을 선택하여 산다는 것은 자신에게는 불행한 일이다.

행복의 척도는 매우 다양하여 한계를 가늠하기 어려운 문제 같지만, 돌아서 생각해보면 고개를 끄덕이게 하는 매우 다양하면서도 쉬운 답을 가진 문제이다.

인공적인 부와 명예가 상존하고 이를 모으고 쌓기에 몰두하는 현대의 삶을 사는 사람들은 염증을 느끼기도 하지만, 행복은 그래도 아직은 때 묻지 않은 인간의 모습이 남아있는 삶이냐 아니냐의 문제이기도 하다.

고소득층인 경우와 저소득층인 경우의 수명을 비교해보니, 고소득층이 저소득층보다 더 오래 산다는 연구결과가 있다. 즉, 소득이 높을수록 오래 산다는 것이 증명된 것이다. 동 연구내용을 보면 교육수준 등 사회경제적 조건들이 좋지 못한 곳일수록 수명이 낮으므로, 이러한 불평등을 해소하기 위해서는 삶의 모든 영역에서의 사회경제적 조건 향상을 위한 대책이 필요하다. 주로 고소득층이 저소득층보다 더 오래 사는 이유는 의료시설의 차이에서 비롯된 것이다. 행복한 생활은 자신의 마음속에 있는 것이지 일정한 지역에 있는 것이 아님을 안다면, 고소득과 저소득층 지역은 의미가 없어지기 때문에 의료시설 등이 평준화될 것이다. 행복이 무엇인지를 바르게 알자. 행복은 자신이 좋아하는 것을 하는 것이므로, 좋아하는 것이 자연적인 삶이라면 타인(가족 등)을 배려하면서 자연과 동화되어서 사는 것이 행복이다.

남들은 만 원짜리 '외식'할 때 자신은 집에서 천 원짜리 '라면'을 먹는다고 생각해보자. 양자의 경우를 비교한다면, 천 원짜리 '라면'을 먹는 사람은 불행을 느끼게 되겠지만, 남들도 전부 '라면'을 먹고 자신도 '라면'을 먹는다고 생각한다면 자신이 불행하다고 느끼지는 않을 것이다.

새 지폐도 자신의 손을 떠나 돌다 보면 헌 지폐가 될 것이다. 쓰지 않고 보관해왔던 10,000원짜리 지폐 냄새가 나는 새 돈을 쓰기 싫다. 새 돈을 쌓는 거지가 될까? 아니면 헌 돈이 되게 쓸까? 행복은 필요할 때 쓰는 것이지 저금하는 것이 아니다.

우연히 10원짜리 동전이 양지바른 쪽에 놓여있는 것을 보고, "1원짜리도 사용되지 않아 사실상 제조가 중단됐는데, 이제는 10원짜리도 비슷한 운명이구나."하는 생각을 했다.

"잔돈의 단위가 최소 100원 이상인데 10원짜리 동전으로 할 수 있는 것이 무엇일까?" 10원짜리 10개면 100원, 100개면 1,000원. 무거워서…
은행에서도….

　　어느 시장 은행에서 장사 시간을 앞둔 상인이 잔돈을 바꾸려고 "100
원짜리 3만 원, 1,000원짜리 20만 원, 500원짜리 10만 원어치."라고 말
해서 왜 10원짜리는 안 바꾸는지 물어보니 "10원은 고객들도 불편하고
우리도 바쁜 와중에 거슬러주기 불편해서, 10원 단위는 반올림하죠."라
는 답이었다.

　　그렇다고 당장 10원짜리를 없앨 수도 없고… 10원 단위가 없어지면

• 남망산 공원에서 본 통영

50원 단위로 올려야 하는데, 이는 서민에게는 부담된다. 1960년대 10원

으로 짜장면을 세 그릇이나 먹을 수 있었던 때와 비교하면 10원짜리 신세가 그야말로 격세지감을 느끼게 한다.

젊었을 때는 근심과 걱정으로 허둥(?)대다가 이러한 삶은 행복이 아님을 알고 나이 들어 고향에서 삶을 다시 시작하는 사람들이 많다.

저자도 같지만, 내 고향이 이렇게 좋은 곳인 줄 이제야 알게 된 것 같다. 물론 젊었을 때는 알고도 실천할 수는 없는 꿈이었지만, 이제는 실천하게 된 것이다. 이런 게 꿈은 이루어진다고 하는 것인가 보다. 남는 게 사진이라고 내 고향의 아름다운 모습을 찍으며 저자는 행복을 느끼기에 바쁘다. 저자처럼 행복한 사람이 또 있을까?

바위에 부딪히는 새하얀 파도가 눈과 발을 떼지 못하게 하고 파란 가을 하늘보다 더 맑은 바다 위에 오리가 한가롭게 헤엄쳐 다니고 먹이를 찾아서 갈매기가 물 위를 날아다니고, 비릿하면서도 상긋한 바다 냄새가 풍기고 전통이 있어 언제든지 설레는 이곳이 저자의 고향이다.

• 달아 공원에서 본 日沒

행복은 성적순이 아니다

여러분도 자주 경험하셨겠지만, 먼 산이 가지가지 색깔로 붉게 치장되어 있고 탁자 위에는 음료수가… 그리고 낙엽 냄새가 코끝을 자극하고 공원에서 틀어놓은 조용한 음악 소리와 신선한 꽃 바람이 살랑거리며 하늘 위에 떠가는 새하얀 구름이 그림같이 보이는 어느 초가을 날, 저자는 아무 생각 없이 공원의 자그마한 벤치에 앉아서 이렇게

• 제승당 입구

한가롭고 행복한 시간을 보낸 적이 있었던지 생각해 본다.

이것이 행복인 것을… 저자가 젊었을 때는 근심과 걱정이 머릿속을 채워서 설사 이러한 시간이 있었다 할지라도 그것이 행복한 시간인 줄 몰랐으리라…. 행복은 자신이 만들어서 갖는 것이므로, 우리는 행복한 시간을 만들자.

어린이 전유물이거나 어린 자녀에게 읽어주던 글과 그림이 어우러져 문학과 미술이 함축적으로 응집된 장르의 동화책이 최근에 어른들로 독자층으로 변화되고 있다.

시처럼 짧은 텍스트가 이미지와 영상에 친숙한 어른에게 요구되는 것이라는 말도 있지만, 예술성이 높아지면서 동화책의 철학적인 내용이 어

른들에게 다가왔기 때문일 것이다. 즉, 자신의 경험을 떠올려 울기도 하면서, 현실적으로는 불가한 일이 동화책 속에서는 가능하기 때문일 것이다. 너무 삭막한 현실 대신 잠시나마 꿈같은 동화를 좋아하게 된 것이리라.

최근 흥행하고 있는 '내부자들'이라는 영화를 보고, 이 영화가 동일한 상황에 대해 '그럴 것으로 보인다'와 '그렇게 보이지 않는다'라고 주관적으로 판단하는 현 실상을 말하였기 때문에 흥행률이 높은 것 같다는 생각이 들었다. 즉, 동일한 상황임에도 증거 없이 판단자의 입장에 따른 상반된 판단으로 어느 한쪽을 불행하게 한다는 것이 이 영화의 내용이 저자를 공감하게 하였다. 이럴 수도 있고 저럴 수도 있다는 식의 주관적 판단이 아닌 증거에 의한 객관적인 판단으로 상대방을 배려하는 행복이었으면 좋겠다.

'배려'를 오해할까 봐 말하지만, 저자가 말하는 배려라는 것은 상대방을 위해서 주관적으로 판단하는 것이 아니고, 상대방 또는 누구나 이해하는 객관적인 판단을 말하는 것이다.

저자도 그렇지만, 현실에서는 만족할 수 없으므로 독자나 관람객은 동화나 영화의 가상 세계를 통해서 울고 웃는 등 만족하기를 원한다.

저자가 영화를 좋아하는 이유도 이처럼 현실에서 불가능한 일이 영화 속 주인공에게는 가능한 일이기 때문이다. 주인공은 어처구니없게 총알이 날아와도 안 맞고 산다. 웃으면 복이 온다.

방바닥에 누워 TV를 시청하면서 과자를 먹은 뒤에 냉장고에 있는 먹다가 만 음식을 양푼에 가득 담아 밥을 비벼서 먹을지라도, 등 따시고 배

부르면 더 바랄 것이 없다는 말처럼 지난 뒤 생각하면 이것이 행복한 시간이었음을 알게 될 것이다.

평화를 가장 잘 묘사한 그림을 선정하는 전시회가 있었다. 많은 화가가 평화를 묘사했으며, 그중 고요함과 아름다움이 절묘하게 조화를 이루는 풍경을 그린 화가가 있었다. 그 풍경에는 투명한 호수, 부드럽게 흐르는 시내, 소와 양 떼들이 풀을 뜯는 풍요로운 목장의 푸른 들판, 나뭇가지 위에서 새들이 노래하고 있는 무성한 나무, 그늘진 나뭇가지 아래에서 놀고 있는 아이들이 그려져 있었으며, 부드럽게 흘러가는 흰 구름은 푸른 하늘을 가로질러 가며 산허리에 그림자를 수놓고 있었다. 이 그림은 평화의 일반적인 모습을 완벽하게 표현한 작품으로 봤을 때 가장 우수한 작품이었다.

그러나 수상의 영광은 기존 화가들이 묘사한 평화와는 완전히 다른 작품을 그린 화가에게로 돌아갔다. 그림 한가운데 바다를 배경으로 바위 하나가 올라와 있었으며, 그 바위를 중심으로 거친 폭풍우가 몰아치고, 파도는 소용돌이를 만들며 성이 나 있었다. 거칠게 성이 난 파도 속에 곤경에 처한 배 한 척이 보였고 하늘의 짙은 먹구름은 폭풍은 더 시납게 보이게 하였다. 그런데 바다의 중심에 있는 바위 꼭대기 조그만 틈새에 비둘기 한 마리가 조용히 둥지를 틀고 앉아 있었고, 자세히 들여다보니 비둘기 품에 새끼 비둘기들이 무슨 일이 있냐는 표정으로 평온하게 어미 날개에 덮여 있었다.

창의적인 발상 때문에 더 큰 점수를 줬을 수도 있고, 아무리 위태롭고 어려운 상황이라도 그 가운데 평화를 누리게 해준다는 관점에서 수상의 영광을 누리게 되었을 것으로 보인다.

평화롭게 보인다고 진정한 평화가 아니며, 평화로움 속에 위험이 도사리고 있을 수도 있고 위험해 보이지만 누군가의 희생으로 평화 속에 살고 있을 수도 있다. '평화'란 평온하고 화목한 상황보다는 위험 속에서도 싸움 없는 상황을 말하는 것처럼, '행복'도 자신이 마음속에서 만드는 것이지 타인이 만들어 주는 것이 아니다.

대부분 사람이 생각하는 행복은 '흐뭇한 마음·감사한 마음을 갖게 하는 것'으로 생각하고 있지만, 흐뭇함이나 감사한 마음을 갖게 하는 것이 무엇인지 모른다.

흐뭇하고 감사한 마음을 갖게 하는 행복이란, 현실에 맞는 꿈을 가지고 타인을 배려하는 자유를 말한다. 즉, 행복이란 얽매이지 않고 자기 뜻에 따라 행동하여 흐뭇한 마음을 가지게 되는 것을 말하긴 하지만, 자유처럼 혼자만이 아닌 타인의 만족도 배려하는 것이 진정한 행복이다.

어느 할머니의 소문 없는 기부에 저자는 그 할머니의 행복을 느꼈다. 기부는 능력 있는 사람이 할 수 있지 능력 없는 사람이 할 수 있는 것도 아니지만, 할머니는 얼마나 흐뭇한 마음이었을까하고 생각되었기 때문이다.

행복이란 돈이나 권력을 소유하는 것이 아닌 '제한된 자유'를 의미한다. 즉, '제한된 자유'란 타인을 배려하는 행복이지 혼자만 만족해 하는 것은 행복이 아니다. 할머니의 기부에 타인이 반대하지 않았겠지만, 어떤 사람에게나 어려움은 있기 마련이므로 자신의 어려움부터 해결한 후 기부하는 것이 순리에 맞는 것으로 생각하는 사람들은 할머니의 기부는 순리에 맞지 않는다고 할 수도 있겠지만 자신의 어려움부터 해결한다는 것은 일부 사람만이 느낄 수 있는 만족이지 타인이 만족할 수 있는 행복이 아니다.

할머니의 어려움부터 해결한 후 기부하는 것이 순리라고 생각한다면 할머니뿐 아니라 타인도 순리에 벗어나지 않기 위해서는 기부할 수 없게 될 것이다. 순리(자신의 어려움 해결)에 벗어나지 않기 위해서 기부자가 없는 것인가? 할머니의 용기가 부럽다.

행복과 관련된 '선물膳物'을 생각해 보자. 선물은 타인에게 인사나 정을 나타내는 뜻으로 주는 물건이지만 그 물건이 주는 사람과 받는 사람 모두에게 부담 없는 물건이 되어야 한다. 선물은 쌍방이 흐뭇한 마음을 가지기 위한 것이지, 주는 사람과 받는 사람에게 부담되는 물건을 주고받는 것은 행복한 선물이 아니다. 따라서 선물하는 사람뿐만 아니라 상대방도 흐뭇한 마음이 되도록 하기 위한 선물을 마련하는 것은 무척 어려운 일이지만, 인사나 정으로 선물하는 것은 우리나라의 미풍양속美風良俗이다.

남에게 구속되거나 무엇에 얽매이지 않고 자기 뜻에 따라 행동하는 것을 의미하는 '자유'는 인간에게 반드시 필요하다. 공기가 있어야 숨 쉴 수 있는 우리에게 공기 공급이 제한된다는 것은 우리에게서 공기로 숨 쉴 수 있는 자유를 제한하는 것이다. 즉, 공기가 자유롭게 공급되고 있는 자유로운 현 생활에 우리는 감사해야 하며, 이는 '있을 때 잘해'를 연상되게 하는 말로 우리는 있을 때 할 수 있는 일임에도 없게 되어서야 비로소 할 수 없다는 것을 느끼는 어리석은 사람이 되어서는 안 될 것이다.

자유로운 생활이 행복이지 구속된 생활은 행복이 아니다. 어떤 사람이 검찰청을 방문하고 '검사가 구속된 건가? 죄인이 구속된 건가?'하고 묻길래 저자는 '마음먹기에 따라서…'라고 말하긴 했지만, 자유가 없다는 것은 검사나 죄인이나 둘 다 동일하다. 어려운 시험에 합격했다고 축하하기보다는 이러한 환경을 견뎌야 하는 검사의 어려움을 먼저 생각하고 이해해야 할 것이다. 동물원 우리 속에 있는 호랑이가 구경하는 사람들을 보고 어떤 생각을 할까?

• 동물원

　말만 하면 돈으로 무엇이든 다할 수 있는 사람과 돈이 없어 직접 일해야 하는 사람 중 어떤 사람이 더 행복할까? 물론 생각하기에 따라 다르겠지만, 원하는 일을 직접 할 수 있는 사람일 것이다. 왜냐하면, 행복은 직접 느끼는 데서 오는 것이지 말하는 데서 오는 것이 아니기 때문이며, 또 돈에 구속된 사람은 돈에 감금된 것으로 이는 진정한 자유가 아니기 때문이다. 돈은 수단일 뿐 삶의 목표는 아니다.

　병실에서 지시하는 것과 집이나 차 속에서 지시하는 것을 보면 지시한다는 것은 동일하지만, 집이나 차 속에서 지시하는 사람은 집이나 차에 구속된 사람이다. 언제 어디서든지 자신이 원하는 일을 말이 아닌 행동으로 직접 실행할 수 있는 사람이 행복한 사람이며, 돈에 구속된 사람은 돈이 없으면 실행할 돈이 없으므로 삶의 어려움을 더 느끼게 될 것이다. 저자의 말을 곡해할까 봐 첨언하지만, 행복을 위한다는 명분으로 돈에 구속되지 않기를 말하는 것이지 돈을 멀리할 것을 말하는 것은 아니다.

병원에서 어느 보호자가 환자에게 고양이 소리를 내면 원하는 것을 다해 주겠다고 하니 고양이 소리를 지르던 환자처럼 지시에 따라서 행동할 뿐 생각하여 행동할 수 없는 아바타 같은 사람은 기계에 종속된 부속품일 뿐 자신이 원하는 것을 할 수 있는 행복한 사람이 아니다.

시대의 흐름에 맞춰 갈아입어야 할 리더십의 옷은 최고의 효율성을 만들어내는 독재자, 협력을 이끌어내는 자유로운 영혼, 더 높은 곳을 향하는 추구자 등 다양한 모습의 리더십이 이상적인 것처럼 보인다.

1. 최고의 효율성을 만들어내는 통제자

제왕적 스타일로 분명하고 명확한 지시로 무장하고 난국에 대처한다. 자신이 책임지고 통제한다. 이런 리더는 보통 일의 모든 양상에 관한 세밀한 관리를 위해, 직원들에게 끝없이 지시를 내린다. 그래야 아주 잠시라도 직원들이 '올바른' 방향에서 벗어나지 않는다고 믿기 때문이다.

2. 협력을 이끌어내는 자유로운 통제자

자유로운 통제로 매우 즐겁게 통제되게 하는 사람이다. 물론, 피통제 자든은 다른 경우에 인한 때보다 더 높은 수준의 책임을 서야 하는 '권한' 을 부여받는다. 이런 경우에, 일에 대한 활력이 공급되기도 하지만 간혹 일을 이해하지 못해 밀려날 위험에도 처하게 된다.

3. 더 높은 곳을 향하는 추구자

전인全人이 되길 요구하는 것으로, 다 같이하는 일의 가치와 의미를 공유하여 가장 이상적인 결과가 나오기를 바란다. 이를 위해서 제반 상황을 모두 망라하는 대화(소통)를 나누며, 상대방이 존경심을 갖게 하는 것이다. 이러한 방식이 결코 강력한 권위와 배치되지 않으며, 진정한 파트너 관계를 맺고 싶은 지도자는 명심해야 할 방식이다.

동 내용은 지시와 관련하여 행복한 지시(통제)자는 누구일가를 생각해 보기 위해 기술한 것이다. 여러분의 생각은 어떤지 모르지만, 저자는 2와 3이 혼합된 통제자가 행복한 사람이라고 생각한다. 즉, 자유로운 통제로 엄격한 책임이 요구되긴 하지만, 소통하는 통제자가 행복한 지시(통제)자라고 생각하기 때문이다.

스마트폰을 잘 사용하는 사람과 잘못 사용하는 사람이 있을 경우 어느 스마트폰의 성능이 더 좋다고 할 것인가. 성능이 아무리 좋고 비싼 스마트폰일지라도 사용자가 사용방법을 모르면 고가 여부를 불문하고 스마트폰을 잘 사용하지 못하는 사람의 스마트폰이 잘 사용하는 사람의 스마트폰보다 성능이 좋지 않은 스마트폰이라고 할 수 있을 것이다. 사용방법도 모르는 사람에게 왜 비싼 스마트폰이 필요할까?

실천하지 못하는 앎은 모르는 것과 같다는 말과 같이, 무엇이든 그 가치가 실천될 수 있어야지 실천되지 못하는 가치는 욕심일 뿐 없는 것과 같은 것이다.

최근 어느 유명한 회사가 스마트폰을 선보였다. 저자가 스마트폰을 교체한 지도 1년 남짓한데 또 최신식 스마트폰이라니 따라가기 정신없다. 이전에는 10년 정도 되어야 변했는데 요즘은 1년 정도면 변한다. 그렇다고 1년마다 변하지 않고 10년 정도 되어야 변한다는 것은 현시대의 문맹자文盲者이다. 제대로 사용할 줄도 모르는 최신 스마트폰으로 교체해야 할 것인지 고민이다.

• 제승당 앞의 호수 같은 바다

긍정은 행복의 시작

행복은 불행否定을 긍정肯定으로 생각하는 데서부터 시작된다.

여러분께 저자가 저자의 의사를 전할 수 있게 된 것은 전화위복轉禍爲
福이다. 왜냐하면, 저자가 원하는 일을 하였다면 이처럼 전화위복의 기회
가 없게 되었을 것이기 때문이다.

국어사전에서, 재화災禍가 바뀌어서 오히려 복福이 된 것을 전화위복
이라고 정의하고 있다. 저자에게 어려운 일이 없었다면 현실에 만족하면
서 살던 저자가 다른 일도 많은데 군이 글 쓸 시간을 만들어야 할 이유
는 없었을 것이며, 따라서 독자 여러분께 저자의 경험에 따른 생각을 전
할 생각도 하지 않았을 것이기 때문이다. 우리는 우리에게 닥친 재앙災殃
이 있다면 이를 전화위복轉禍爲福의 기회로 삼아 유有에서 유有가 아닌 무
無에서 유有를 창조하는 기회가 될 수 있도록 해야 할 것이다.

원하는 일이 안된다고 자포자기自暴自棄하는 것은 원하는 일이 없게
되는 것이다. 원하는 일이 없다는 것은 행복할 기회를 없게 하는 것이다.

저자는 행복의 기회(轉禍爲福)를 포기하고 자포자기하는 사람들이 이해되지 않는다.

불행을 질병힐 깃이 아니라 질병니 사당이 될 수 있게 해야 안나. 즉, 불행을 느꼈다면 불행을 경험으로 행복의 원천이 될 수 있도록 노력해야지 불행이 불행으로 끝나게 하여서는 안 된다. 우리는 불행을 피하지 말고 불행을 전화위복(轉禍爲福)의 기회로 삼아 마음속에 행복이 싹트게 해야 한다. 슬퍼한 자리가 일어서는 자리가 될 수 있게 하자. 꿈은 이루어진다.

최근 SNS에 애플의 창업자 스티브 잡스의 마지막 말이라는 글이 공유되고 있다. 사업으로 성공의 절정을 맛보았지만, 병상에 누워 삶을 돌아보니 그간 자랑스러워했던 '인정과 부'는 다가오는 죽음 앞에서 아무 의미가 없게 되고 죽을 때 가져갈 수 있는 것은 부가 아니라 '사랑'으로 함께 한 기억뿐이라는 것. 지금 삶의 어느 단계에 있든 시간이 지나면 언젠가 인생의 종말을 맞게 된다는 것. 그러니 가족과 친구를 사랑하고 자신을 소중히 여기라는 것이었다.

이 글이 잡스의 마지막 말인지는 알 수 없지만, 마지막 말이라고 SNS상에서 공유되는 이유는 잡스가 생전에 했던 만든과 인맥상통하기 때문이며, 이 글은 돈과 세속적인 성공이 최고의 가치로 평가받는 현 삭막한 세상에 가슴 울리는 메시지를 담고 있는 글이기 때문이다.

저자는 잡스의 마지막 말이 절실하게 다가온다. 의사는 건강관리만 잘하면 별문제 없다고 말하지만 어쨌든 세상 끝나는 날까지 이처럼 살아가야 한다는 게 전혀 실감 나지 않는다. 고령화를 걱정하며 이제는 평균 수명 100세 시대이니 장수 리스크에 대비해야 한다고 생각해왔던 저자에게, 누구에게나 그렇겠지만 죽음이 멀리 있는 것이 아니고 닥쳐올 수 있는 반갑지 않은 친구일 수도 있음을 알아야 한다.

저자 나이 때가 인생에서 제일 행복한 때일 것으로 생각한 70세 정도의 사람이 저자보고 지금이 제일 좋은 때라고 하던 말이 생각난다. 저자의 나이가 부러운 것이다. 마음먹기에 따라서는 저자 나이가 자식 걱정도, 돈 벌기 위한 일 걱정도 하지 않아도 될 근심과 걱정이 없을 나이이니까….

'죽음이 생각만큼 멀지 않을 수도 있다'는 새삼스러운 자각은 저자에게 처음엔 충격이었지만, 전화위복과 일상생활의 소중함을 느끼게 했다. 골골거리는 사람이 오래 산다는 말도 있듯이 건강에 대한 자신감으로 건강을 소홀히 하지 않고 건강에 대한 불안감으로 건강을 항상 챙기게 된 것이다. 그리고 건강하지 못하다는 것이 저자에게는 중요한 것과 중요하지 않은 것을 분별하게 한 귀중한 선물이라 할 수 있다. 트레킹하기라든가, 박사학위 따기라든가, 중국어 배우기라든가, 건강하게 활동할 수 없다는 것은 이전에 생각한 꼭 하고 싶었던 것들을 의미 없게 만들었다. 이제 하고 싶은 것은 간혹 야산 꼭대기에서 아래쪽 마을 정경을 보면서 지내고 싶은 것이다.

• 장난감 도시

이처럼 내게 소중한 것은 거창한 이벤트 같은 일이 아니라 그동안 한 번도 가치 있다고 느끼지 못했던 일상생활이다. 좋은 사람들과 편하게 식사하며 대화하는 것, 가족과 함께 영화나 TV를 보거나 가까운 곳을 산책하는 것 등이다.

영화 '러브스토리'에서 여주인공 제니의 선택도 그랬다. 제니가 백혈병에 걸려 시한부 인생을 선고받자 남편 올리버는 제니가 젊었을 때 프랑스 파리로 유학을 가려고 했다는 사실을 기억해내고 파리로 여행 가자고 하지만 제니는 거절하고 병원에 입원하기 전까지 매일 해왔던 일상생활을 계속했다.

지긋지긋해 하는 힘겨운 일상생활이 미래에 뒤돌아보면 가장 소중한 자산이었다는 것을 알게 될 것이다. 시간이 얼마 남지 않았음을 알게 됐을 때 후회하게 되는 것은 세계여행을 못 한 것도, 돈을 더 벌지 못한 것도, 승진하지 못한 것도 아니다. 가족과 좀 더 많은 시간을 보내지 못한 것, 좀 더 여유롭게 인생의 소소한 즐거움을 느끼지 못하고 살아온 것, 미래에 대비하느라 '지금'을 살지 못한 것이다.

어느 간호사가 후회되는 일이 가장 많을 것 같은 나이 많은 환자들에게 일생을 뒤돌아봤을 때 가장 후회하는 다섯 가지가 무엇인지 물어보았더니 '더 많은 사랑을 해봤더라면…'이나 '번지점프라도 한 번 해봤더라면…'과 같은 말이 아니고, 첫째, 내 뜻대로 한 번 살아봤었다면… 다른 사람들의 시선이나 기대에 맞추는 '가짜 삶'을 사느라 정작 자기는 자신이 하고 싶은 것을 누리며 사는 '진짜 삶'에 대한 용기를 내지 못했던 것. 둘째, 일 좀 적당히 하면서 살 것을… 대부분의 남성 환자들은, 가족의 생계를 위해 직장에 묻혀 사는 동안 자식의 어린 시절 부인과의 따뜻한 가정생활을 놓친 것. 셋째, 화내고 싶을 땐 화도 내는 등 내 기분에 좀 솔직하게 살 것을… 다른 사람들과 '평화로운 관계'를 맺으려고 자신의 감정을 숨기고 산 것. 넷째, 친구들과 좀 더 가깝게 지낼 걸… 자신의 삶이 마감되기 고작 몇 주 전에야 '오랜 친구'들의 소중함을 깨달은 것. 다섯째, 내 행복을 위해 도전해볼걸… 자신의 삶을 보다 행복하게 만들기 위해 노력해 보지 못했다는 것. 즉, 현실에 안주하느라 모험적이고 삶의 활력소를 찾기 위한 변화 있는 삶을 살지 못한 것이었다. 생각해 보아야 할 말들이다.

평생 영원할 것처럼 돈과 권력을 좇아 살다가 죽음을 앞두고 후회되는 일이 없게 그때그때를 행복하게 살아야 한다. 그렇게 살아도 100점은 안 되겠지만 그렇게 하지 않으면 50점도 안 될 수 있다.

역사책 속의 선인들을 보면 이분들은 귀양 간 벽지에서 자신의 이론을 정리하였다. 도회지의 긴박한 생활보다는 귀양지의 여유 있는 생활이 자신을 뒤돌아볼 수 있게 하였던 것으로 생각된다. 당시에는 몰랐겠지만, 이분들이 벽지에 귀양 간 것이 얼마나 다행한 일이었을까. 이분들이 귀양 가지 않았다면 후세에 유명한 학자 등으로 전해지지도 않았을 텐데….

어떤 분이 이제는 도시생활을 그만두고 두메산골에 귀양이나 갔으면 좋겠다고 하니 이를 들은 옆의 다른 분이 원하는 곳이 두메산골이라면 무인도로 귀양을 가게 될 것이라고 말해 웃은 적이 있다. 어쨌든 원하는 곳으로 귀양 갈 수는 없겠지만, 두메산골이 좋다면 두메산골로 귀양(?) 가서 행복을 느끼는 것도 좋다.

저자는 크게 해야 할 일이 없어 TV를 통해 현 실상을 알려고 노력한다. 그중 연속극을 보면 자식이 부모가 전혀 기대할 수 없는 사람과의 결혼을 요구한다. 이에 대해 부모는 너를 어떻게 키웠는데, 너를 위해서는 그 사람과 결혼하여서는 안 된다며 결혼을 반대하는 연속극이 많다. 이러한 내용의 연속극이 많다는 것은 사회적으로 부모와 자식 간에 이러한 내용의 갈등이 많다는 것을 의미하는 것이므로 저자는 여기에 대해 부모와 자식의 행복을 위한 선택이 무엇인지를 말하고자 한다.

위의 부모와 자식 간의 갈등을 보면, 부모는 자식을 위한다는 것일 뿐 부모 자신이 좋아하는 것이 무엇인지 알 수 없다. 자식이 자랄 때는 오직 자식에 대한 것이 부모의 전부였다 할지라도 자식이 결혼해야 할 나이가 된 이제는, 자식에 얽매여 자식의 결혼 반대와 같은 일보다 그동안 자식 키우느라 하지 못했던 일을 해야 할 것이다. 부모에게 자식은 항상 자식이라는 말도 있지만 성장한 자식에 얽매여서 얼마 남지 않았을지도 모를 자신의 행복을 외면하여서는 안 된다. 그리고 행복은 자신만 좋아하는 것이 아닌 타인을 배려하면서 자신이 좋아하는 것임에도, 부모가 자식을 위한다면 성장한 자식의 생각은 배려하지 않고 부모의 생각만 주장하는 것은 잘못이다.

부모는 행복을 위한 길이 무엇인지 자식을 도와주고 조언할 수는 있겠지만, 자식이 행복한 길을 스스로 찾게 될 것을 믿어야 하며, 자식은 부모를 생각하여서라도 행복하게 살 수 있도록 해야 한다. 돈은 행복이 아니며 부부간에는 금슬 좋은 것[琴瑟相和]이 행복이다.

요즘 황혼재혼이 많다. 이에 대해 부모(아버지나 어머니)와 대립하게 되는 자식들이 많다. 즉 부모는 희망하지만 자식들이 반대하는 경우가 많다. 이에 대해 자식들은 부모의 행복을 위한 것이 무엇인지 생각해 보아야 한다. 마찬가지로 부모는 어른이지 생각하지 못하는 아이가 아니다. 부모가 행복한 것이 자식에게도 행복이다.

그동안 부모의 발목 잡은 것을 미안하게 생각하지 않고 황혼이 된 부모를 배려하지 않고 이기적인 생각으로 아직도 부모의 발목을 잡으려고 하여서는 안된다.

행복이라는 것은, 바라는 것이나 욕심이 없고 괴롭거나 불행하다고 생각하지 않는 것이다. 즉, 주어진 운명에 순응하면서 불행을 불행이라고 생각하지 않고 행복해지는 기회로 생각하여 마음이 편안해지게 하는 상태를 말한다. 환자가 병명을 모르게 하는 것처럼 병은 운명이라 할 수 있겠지만, 환자가 마음이 편할 수 있도록 병명을 모르게 하는 것이 그 환자에게는 약이며 행복이다.

어느 방송에서 결혼기념일은 좋은 날을 기념하는 날이라고 말하니,

이 말을 들은 여자 시청자가 '결혼기념일이 집안 대소사를 책임져야 하는 무거운 날이 아니고 좋은 날이라고요?'라고 반문하는 이야기를 듣고 씁쓸한 마음이 들었다. 누구에게나 '결혼기념일'이 좋은 날이 되었으면 좋을 텐데 그러하지는 않은 것 같다. 동일한 내용일지라도 마음먹기에 따라서 행복과 불행으로 나누어질 수 있다. 결혼기념일이 무거운 날이 아니고 주장 없이 그림자처럼 지내다가 집안 대소사를 적극적으로 챙기게 된 주인공이 된 날이라고 생각하면 어떨까? 자신은 집안의 주인공이지 하녀가 아니다.

저자의 생각을 더 말할 필요 없이 그대로 적어 놓은 것 같은 '인생人生을 즐기는 방법方法'을 ○○○○ 약초방에서 옮겨 본다. 예를 들어 여유로워지는 법에서 '남과 나를 비교하지 마라.'는 여유로워지는 방법이긴 하지만, 과연 남과 나를 비교하지 않을 수 있는지는 자신이 생각하여 판단해야 할 것이다. 아래 내용은 근본적인 내용이므로 이를 새겨서 자신의 삶이 행복한 삶이 되도록 해야 한다.

행복해지는 법

1. 나 자신을 위해서 꽃을 산다.

2. 날씨가 좋은 날엔 석양을 보러 나간다.

3. 제일 좋아하는 향수를 집안 곳곳에 뿌려 둔다.

4. 하루에 세 번씩 사진을 찍을 때처럼 환하게 웃어본다.

5. 하고 싶은 일을 적고 하나씩 시도해본다.

6. 시간 날 때마다 몰입할 수 있는 취미를 하나 만든다.

7. 음악을 크게 틀고 내 맘대로 춤을 춘다.

8. 매일 나만을 위한 시간을 10분이라도 할애한다.

9. 고맙고 감사한 것을 하루 한 가지씩 적어 본다.

10. 우울할 때 찾아갈 수 있는 비밀장소를 만들어 둔다.

11. 나의 장점을 헤아려 본다.

12. 멋진 여행을 계획해 본다.

13. 내일은 오늘보다 무엇이 나아질지 생각한다.

활기차지는 법

1. 오디오 타이머를 이용해 자명종 대신 음악으로 잠을 깬다.

2. 기상 후엔 바로 생수를 한 잔 마신다.

3. 아침 식사를 거르지 않는다.

4. 즐거운 상상을 많이 한다.

5. 고래고래 목청껏 노래를 부른다.

6. 편한 친구와 만나 툭 터놓고 수다를 떤다

7. 꾸준히 많이 걷는다.

8. 햇빛이랑 장미꽃이랑 친하게 지낸다.

9. 거울 속의 나와 자주 대화를 나눈다.

10. 박수와 칭찬을 아끼지 않는다.

새로워지는 법

1. 평소에 다니던 길이 아닌 길로 가본다.

2. 현재의 가장 큰 불만이 뭔지 생각해본다.

3. 고민만 하던 스포츠센터에 등록해 버린다.

4. 일주일, 혹은 한 달에 한 번 서점 가는 날을 정한다.

5. 존경하는 사람의 사진을 머리맡에 둔다.

6. 일주일에 한 개씩 시를 외운다.

7. 생각은 천천히, 행동은 즉각 한다.

8. 어제 했던 실수를 한 가지 떠올리고 반복하지 않는다.

9. 할 일은 되도록 빨리 끝내고 여유 시간을 확보한다.

10. 10년 후의 꿈을 적어본다.

사랑스러워지는 법

1. 거울 속의 자신에게 미소 짓는 연습을 한다.

2. 사람들의 좋은 점을 찾아내 칭찬의 말을 건넨다.

3. 나 자신의 잘못은 인정하고 잘한 일은 침묵한다.

4. 상대방의 말에 맞장구를 팍팍 쳐준다.

5. 고맙고 감사한 마음은 반드시 표현한다.

6. 때로는 큰 잘못도 눈을 감아준다.

7. 파트너를, 아이들을, 나 자신을 존중한다.

8. 매 순간 누구에게나 정직하자.

9. 나 자신을 가꾸는 일에 게을러지지 않는다.

10. 아무리 화가 나도 넘지 말아야 할 선은 넘지 않는다.

11. 진정 원하는 것은 진지하게 요구한다.

12. 나 자신과 사랑에 빠져본다.

13. 갈등은 부드럽게 차근차근 푼다.

14. 소중한 사람들에게 진심 어린 편지를 쓴다.

15. 마주치는 것들마다 감사의 마음을 가진다.

감사하는 법

1. 태어나 줘서 고마워요.

2. 무사히 귀가해줘서 고마워요.

3. 건강하게 자라줘서 고마워요.

4. 당신을 만나고부터 행복은 내 습관이 되어 버렸어요.

5. 당신은 바보. 그런 당신을 사랑하는 난 더 바보에요.

6. 이 세상 전부를 준대도 당신과 바꿀 순 없어요.

7. 당신 없는 세상은 상상할 수도 없어요.

8. 난 전생에 착한 일을 많이 했나 봐요. 당신을 만난 거 보면…

9. 당신이 내 곁에 있다는 사실. 이보다 더 큰 행운은 없어요.

10. 당신은 나의 비타민. 당신을 보고 있으면 힘이 솟아요.

11. 지켜봐 주고 참아주고 기다려 줘서 고마워요.

12. 내가 세상에 태어나 가장 잘한 일은 당신을 선택한 일이에요.

13. 당신 없이 평생을 사느니 당신과 함께 단 하루를 살겠어요.

14. 난 세상 최고의 보석 감정사. 당신이라는 보석을 알아봤으니까요.

15. 사랑해요…, 그리고 고마워요.

발전하는 법

1. 매주, 매달 목표를 세우자.

2. 여행을 자주 다니자.

3. 다른 분야의 사람들과 정기적으로 대화하자.

4. 신문과 잡지와 친하게 지내자.

5. 의논할 수 있는 상대를 곁에 두자.

6. 돼지 지금통에 하고 싶은 일을 적고 저축하자.

7. 특별요리에 하나씩 도전해 보자.

8. 어린 사람과 친구가 되자.

9. 단 한 줄이라도 일기를 쓰자.

10. 한 번도 경험해보지 않은 일을 해보자.

11. 맨 처음 시작할 때의 초심을 잊지 말자.

12. TV 보는 시간을 줄이자.

13. 망설이는 일들의 리스트를 작성하고 실천 여부를 결정하자.

즐거워지는 법

1. 일하는 동안 낄낄낄 웃는다.

2. 재미있게 말한다.

3. 콧노래를 부른다.

4. 즐겁고 열정적으로 일한다.

5. 무언가에 푹 빠져라.

6. 가장 하고 싶은 일을 한다.

7. 지금 하고 있는 일에 최선을 다한다.

8. 고통스러운 시간의 끝을 상상한다.

9. 매 순간이 단 한 번뿐이라고 생각한다.

10. 지금 하고 있는 일을 사랑한다.

11. 내가 먼저 큰소리로 인사한다.

12. 유머 감각이 있는 사람과 친하게 지낸다.

13. 부정적인 사람은 되도록 멀리한다.

14. 하기 싫은 건 열심히 해서 최대한 빨리 끝내버린다.

편안해지는 법

1. 잘해야겠다는 강박관념을 버리자.

2. 가방을 절반의 무게로 줄이자

3. 기억해야 할 것은 외우지 말고 메모를 하자.

4. 부탁을 두려워하지 말자.

5. 빚을 지지 말자.

6. 중요한 일부터 처리하자.

7. 인생은 불완전하고 불안정한 것임을 인정하자.

8. 임무는 굵고 짧게 처리하자.

9. 한 번 할 때 확실하게 마무리를 짓자.

10. 남의 눈치를 보지 말자.

11. 인간관계를 넓고 얇게 만들자.

차분해지는 법

1. 해주고 나서 바라지 말자.

2. 스트레스를 피하지 말고 그대로 받아들이자.

3. 할 일을 내일로 미루지 말고 지금 시작해 놓자.

4. 울고 싶을 땐 소리 내어 실컷 울자.

5. 숨을 깊고 길게 들이마시고 내쉬어 보자.

6. 잠들기 바로 직전에는 마음과 몸을 평안히 하자.

7. 상처받는 것을 두려워하지 말자.

8. 하고 싶은 말은 하자.

9. 인생은 혼자라는 사실을 애써 부정하지 말자.

10. 이대로의 내 모습을 인정하고 사랑하자.

11. 나 자신을 위한 적당한 지출에 자책감을 느끼지 말자.

12. 할 수 없는 것에 대한 욕심을 버리자.

13. 다른 사람은 나와 다르다는 것을 인정하자.

14. 하루 일을 돌이켜 보는 명상의 시간을 갖자.

15. 잔잔한 클래식을 듣자.

당당해지는 법

1. 두려움을 버려라.

2. 열정을 가져라.

3. 분석하고 평가하라.

4. 독립적 사고를 하라.

5. 현실에 만족하라.

6. 환하게 웃어라.

7. 무언가에 푹 빠져라.

8. 한순간도 자신을 의심하지 마라.

9. 허리를 꼿꼿이 펴라.

10. 당신이 믿는 것에 단호하라.

11. 부끄러움 없는 야심으로 밀고 나가라.

12. 능력을 발굴하고 약점은 무시하라.

13. 싫은 것은 당당히 'NO'라고 말하라.

14. 웃음거리가 되는 것을 두려워 마라.

15. 어떤 것도 지나치게 심각하게 받아들이지 마라.

여유로워지는 법

1. 30분 일찍 일어나라.

2. 지하철을 놓쳐라.

3. 회사에 혹은 집에 휴가계를 내라.

4. 자가운전 대신 대중교통을 이용하라.

5. 천천히 걸어라.

6. 말한 만큼의 3배를 들어라.

7. 벌어지지 않은 상황에 대해 겁내지 마라.

8. 주는 것 자체를 즐거라.

9. 한 걸음 물러서라.

10. 목적지를 정하지 않고 걸어봐라.

11. 순간순간을 즐거라.

12. 남과 나를 비교하지 마라.

• 불꽃

행복은 성적순이 아니다

입장을 바꾸어 생각하는 행복

저자는 자신만이 좋아하는 것이 아닌 타인도 좋아하는 것이 진정한 행복이라고 말하고 있다. 즉, 타인의 입장을 생각하지 않는 것은 행복이 아니므로, 자신이 타인의 입장이 된다면 어떻게 할 것인지를 생각해 보아야 할 것이다.

우리는 자신의 입장에서만 말을 하다가 입장이 뒤바뀌게 되면, 또 뒤바뀐 입장에서 말하는 사람들을 흔히 볼 수 있다. 항상 타인의 입장에서 말할 수 있는 행복한 사람이 되어야 할 것이다.

입장에 따라서 상반된 내용을 주장하는 간호조무사 자격에 대한 사례를 소개하며, 이는 타인의 입장을 배려하지 않는 것이다.

○○○○○○○협회에서는 '간호조무사를 전문대에서 양성'할 것을 주장하는 반면에, ○○○○○고등학교 보건간호과에서는 '간호조무사를 고등학교에서 양성'할 것을 주장하는 상반된 내용의 주장을 보고, 이는

타인을 배려하지 않는 것이라 판단되며, 또 이와 같은 사례가 많아 이를 사례로 분석하여 본다.

현 실상을 보면 전문대 졸업자와 같이 대학 졸업자도 취직하기 어려운 판인데 고등학교 졸업자까지 취업할 자격을 준다는 것은 잘못이라는 ○○○○○○협회의 주장과 우리나라에서 직업선택의 자유는 인정되어야 한다는 ○○○○○고등학교의 주장이 충돌하는 것처럼 보인다. 즉, 전문대 입장에서는 전문대 졸업을, 고등학교 입장에서는 고등학교 졸업을 인정하여 그에 걸맞은 자격을 요구하는 것이라 볼 수 있다.

고등학교 졸업자에게 간호조무사 자격이 부여된다는 것은 꼭 전문대에서만 간호조무사를 양성할 필요가 없게 하는 것이므로, 비용이 적게 소요될 수밖에 없는 고등학교만 졸업할 가능성이 커지게 되므로 전문대에서 간호조무사를 양성한다는 것은 어렵게 될 것이다. 전문대와 고등학교를 졸업하여야만 간호 기술자가 되는지는 알 수 없지만, 이는 저자가 말하는 행복이 아니다. 행복은 적성과 소질에 따라 자신이 하고 싶은 일을 스스로 하는 것이지 소질이 없음에도 훈련(양성)을 통해 그 일을 하게끔 되는 것은 행복한 일이 아니다.

저자는 전문대나 고등학교 졸업여부와 관련 없이 책으로 익혀 시험 잘 치는 사람보다는 책이 아닌 실지 경험으로 요령을 익힌 기술자가 더 우선되어야 한다고 본다. 그리고 저자는 업무에 해박한 지식이 있는 사람이 시험에 불합격하는 경우를 많이 보아 왔다. 지식과 시험은 별개인 것 같다.

이와 같은 사례로, ○○여대에 따르면 이 학교 총학생회장 선거에서 중앙선거관리위원회는 단독 출마한 ○○○ 회장 후보에게 후보 자격 박탈을 통고했다.

선관위는 학교 측에 후보자 징계 여부와 성적 조회를 요청했고, 학교 측이 회장 후보의 평균 성적이 후보자 기준을 충족하지 못한다고 답하자 긴급회의를 거쳐 회장 후보의 후보 자격 박탈을 결정한 것이다.

○○여대 학칙에는 학생단체의 장이나 임원은 전체학기 평점이 C 이상(4.5점 만점에 2.3점 이상)이어야 한다고 규정하고 있다.

이에 회장 후보는 "학생회장의 자격을 규정하는 등의 학칙 조항은 대부분의 타 대학에서는 이미 사문화된 대표적인 '자치침해 조항'이다."라며 반발했다.

후보 박탈에 동의한 몇몇 위원은 공식입장을 통해 "매년 학교에 의뢰해 진행해 온 정상적인 절차다. 일부 위원들이 선거 세칙과 학칙의 별도 적용을 주장하며 이의를 제기했지만, 이들은 학칙 위반 또한 중대한 후보자 결격 사유로 판단했다."고 주장했다.

총학생회 임원의 학점 관련 논란은 과거 다른 학교에서도 일어난 바 있다. ○○여대는 총학생회장 선거 당선자가 학점 미달로 학교 측과 자격 시비를 벌이다 1월에 제적됐으며, ○○대에서는 지난해 총학생회장이 학사경고 누적으로 제적돼 논란에 휩싸이기도 하였다.

이와 관련하여서도 총학생회 임원 후보자의 학점과 후보자 출마 여부가 어떠한 관련성이 있는지 알 수 없지만, 저자는 학교 임원 후보자에 대한 판단을 학생이 하는 것이 아니고 선관위에서 하는 것 같은 해석이 이해되지 않는다.

'요령要領'은 '일을 하는 데 꼭 필요한 묘한 이치'와 '사물의 가장 긴요한 골자나 핵심'을 의미하는 것으로, 요령을 모른다는 것은 '핵심을 몰라 일을 처리하는 올바른 방법'을 모른다는 것이다. 요령을 잔꾀로 생각하기 때문에 입장에 따라서 각기 상반된 입장이 되는 것 같다. 요령을 제대로 알자.

3년간의 군 생활에서 저자가 느낀 것은 '요령'이라는 두 글자이다. 요령은 저자의 사고思考에 크게 자리 잡게 되었으며, 저자가 군 생활을 하지 않았다면 '요령'을 제대로 알지 못하고 적당히 넘기는 잔꾀 정도로 알았을 것이다. 군 생활이 저자에게는 전화위복轉禍爲福이 된 것이라고 할수 있다.

군 생활이 아깝다고 생각하기보다는 군 생활이 인생의 행복을 가져다줄 좋은 기회가 되도록 노력해야 할 것이다. 감나무 밑에서 입 벌리고 누워있다고 감이 입속으로 들어오지 않는다.

저자의 책 내용을 보면 전부 요령과 관련된 내용으로 기술되고 있다. 즉, 어려움보다는 어려움을 행복하게 만드는 방법을 말하고 있는 것이다. 저자가 책으로 전부 말할 수는 없지만 '요령'과 관련하여 일부 예를 말하면, 군에서 상급자가 구덩이 팔 것을 지시하면 그 구덩이를 왜 파는지부터 파악한 후 그 목적에 따라서 구덩이를 파야 한다. 즉, 판 구덩이를 다시 메울 것으로 예상하면 구덩이를 얕게 파고 구덩이에 나무를 심을 것으로 예상하면 구덩이를 깊게 파야 되는 것이다. 파는 뜻도 모르고 구덩이를 판다면 실속 없이 고생만 할 뿐이니까.

신병일 때는 힘들었던 일도 고참이 되면 쉬워진다. 신병 때보다 고참이 되면서 힘이 더 생긴 것이 아니고, 할 수 있는 일이었음에도 신병일 때는 몰랐던 요령을 고참이 되면서 그 일에 대한 요령을 알게 되었기 때문이다.

나이가 들어갈수록 뇌의 인지능력 등이 떨어져 머리를 쓰는 일에 나이 든 사람이 적합하지 않은 것으로 알려졌지만, 나이 든 사람이 지혜를 발휘하는 부분에서는 젊은 사람보다 뛰어난 경우가 많다. 이는 인생 경험 때문만이 아니라 나이가 들어서도 뇌가 새로운 것을 배울 능력이 여전히 존재하는 데다 천천히 활동하고 충동적인 감정을 다스릴 줄 알게 되기 때문이라는 연구결과가 있다.

미국 ○○○○○○○ 연구팀은 60~100세 노인을 대상으로 뇌가 노화되는 과정을 관찰하여 뇌 활동을 젊은 사람과 비교한 결과, 노인의 뇌 기능이 젊은 사람보다는 덜 활발하지만, 여전히 새로운 능력을 학습할 수 있고 제 기능을 하는데 장애가 없었다. 또 노인은 '기분 좋아지는' 호르몬에 덜 의존적이라 감정을 잘 조절하고 덜 충동적이라는 것이 연구되었다. 즉, 나이 든 사람은 활동적이기보다는 젊은 사람보다는 합리적인 판단을 잘한다는 것이다. 저자의 퇴직이 너무 빨랐던 것 같다.

이 책도 마찬가지이지만 나이가 들고 보니 가슴에 담고 있던 것을 표현하고 싶은 것이 많다. 아래는 아름답고 감성적인 고향에서 저자가 느낀 감정을 표현한 것이다.

길에 동백꽃이 만발한 겨울 바닷가에서 고동을 귀에 대고 고동 소리가 나는지 들어보면서 재잘거리던 때가 엊그제 같은데 지금은 그 바닷가를 무심히 걷고 있다. 그 때는 고동 소리를 들으려고 발에 밟히는 몽돌 소리와 밀려오는 파도 소리가 시끄러웠는데 지금은 그 소리가 교향곡 같이 조용하고 정겹다. 하염 없이 앉아서 그 소리를 들으며 지나온 삶을 뒤돌아본다. 삶에서 중요한 것은 행복이지 일이 아닌데 그 당시는 일이 인생의 전부인 것처럼 왜 그렇게 일이 중요했을까? 지금도 그렇겠지… 조용한 바닷가 몽돌을 밟으면서 파도 소리와 함께 지난 시절을 떠올려본다.

몽돌을 밟아서인지 구르몽의 '낙엽'이라는 시가 생각난다.

시몬. 나뭇잎 져버린 숲으로 가자.
낙엽은 이끼와 돌과 오솔길을 덮고 있다.

시몬, 너는 좋으냐? 낙엽 밟는 소리가.
낙엽 빛깔은 정답고 모양은 쓸쓸하다.

• 동백 꽃

낙엽은 버림받고 땅 위에 흩어져 있다.

시몬, 너는 좋으냐? 낙엽 밟는 소리가.
해질 무렵 낙엽 모양은 쓸쓸하다.
바람에 흩어지며 낙엽은 상냥히 외친다.

시몬. 너는 좋으냐? 낙엽 밟는 소리가.
발로 밟으면 낙엽은 영혼처럼 운다.
낙엽은 날개 소리와 여자의 옷자락 소리를 낸다.

시몬, 너는 좋으냐? 낙엽 밟는 소리가.

가까이 오라, 우리도 언젠가는 낙엽이 되리니.
가까이 오라, 밤이 오고 바람이 분다.

시몬. 너는 좋으냐? 낙엽 밟는 소리가.

행복은 성적순이 아니다

날씨가 추워지면 무성했던 나뭇잎이 하나둘씩 떨어진다. 떨어진 나뭇잎이 바닥에 뒹굴고 앙상한 나뭇가지가 보이면 우리 마음도 덩달아 쓸쓸해진다.

일반적으로 나무에서 영양분이 가장 많은 곳은 뿌리도 줄기도 아닌 잎으로, 잎은 엽록소가 있어 햇빛을 받으면 광합성을 통해 에너지를 만든 곳이다. 꽃을 피우고 열매를 맺고 겨울을 이겨내는 에너지가 모두 잎에서 나오게 되는 것이다. 그러나 나무는 영양분이 많은 잎을 버리며, 이는 나무로서는 엄청난 손실이다. 이를 막기 위해 나무는 살아가는 데 필수적인 질소(N), 칼륨(K), 인(P)같은 주요 영양분을 낙엽이 지기 직전 잎에서 줄기로 옮겨온다.

나무는 추운 겨울 식물세포가 얼어붙는 피해를 최대한 줄이고자 이른 봄부터 잎과 가지를 잇는 잎자루에 '떨켜층'과 '보호층'을 만든다. 떨켜층은 잎이 나무에서 분리되는 부분으로 얇고 약한 세포벽이 좁은 띠를 이루고 있으며, 보호층은 잎이 지기 전 잎의 흔적을 만들어 세균이나 바이러스의 감염으로부터 나무를 보호해 주는 것이다. 잎에서 줄기로 영양분을 이동시키게 되면 낙엽을 떨어뜨릴 준비가 끝나게 되며, 나무는 성장이나 결실, 노화를 촉진하는 호르몬 분비가 일찍 끝나는 곳부터 먼저 낙엽을 떨어뜨리게 된다. 덕분에 봄철에 가장 먼저 핀 나뭇잎이 가장 늦게까지 붙어있고, 가장 나중에 핀 나뭇잎이 가장 먼저 떨어지는 현상이 벌어진다.

봄철 나무에서 잎이 어떻게 났는지 생각해 보면, 겨우내 앙상했던 나무는 가지와 줄기 끝부터 잎이 나기 시작하여, 차츰 위에서 아래로 바깥에서 안쪽으로 나뭇잎이 자라나 여름철 잎이 무성한 나무로 변한다. 그리고 가을이 오면 반대로 줄기의 안쪽부터 낙엽이 지기 시작해 나중에는 나무 꼭대기에만 잎이 남는다.

달콤한 목소리가 아니라도 좋고 짜증이 난 목소리라도 좋지만, 지난 날 느끼지 못했던 당신의 목소리가 그립습니다. 사랑했지만… 사랑을 고백하는 것같이 은은한 목소리가 아니라도, 온통 내 생각뿐이었다고 말하지 않아도 좋습니다. 그냥 편안한 일상을 들려주면서 용기를 주던 그런 목소리가 그립습니다. 무얼 했느냐, 아프지는 않았느냐, 밥은 먹었느냐 등 편한 친구에게 말하듯이 툭 던지는 그런 목소리가 듣고 싶습니다. 남자든 여자든 상관없이, 그냥 당신의 목소리가 그립습니다. 나이가 들고 보니 생각나는 게 많습니다. 젊었을 때를 그리워하며 헤맬 때도 많지만, 그럴 때면 이런저런 이야기하는 당신의 목소리를 듣고 싶으며, 당신을 통해서 나를 찾고 싶습니다.

우리 아름답게 늙어요. 늙은이가 되면 미운 소리 우는 소리 헐뜯는 소리, 조심조심 일러주며 설치지 마소. 이기려 하지 말고 져 주시구려. 많은 돈 남겨 자식들 싸움하게 만들지 말고 살아있는 동안 많이 뿌려서 산더미 같은 덕을 쌓으시구려. 그리고 정말 돈을 놓치지 말고 죽을 때까지 꼭 잡아야 하오. 옛 친구 만나면 술 한 잔 사주고 손주 보면 용돈 한푼 줄 돈 있어야 늘그막에 내 몸 돌보고 모두가 받들어 준다? 나의 자녀 나의 손자 그리고 이웃 누구에게든지 좋게 뵈는 늙은이로 살구려. 자식은 노후에 보험이니. 해 주길 바라지 마소. 아프면 안되고, 멍청해도 안되오. 늙었지만 바둑도 배우고 기체조도 하시구려. 속옷일랑 날마다 갈아입고 날마다 샤워하고 한 살 더 먹으면 밥 한 숟갈 줄이고, 적게 먹고 많이 움직이시구려. 듣기는 많이 하고 말 하기는 적게 하소. 어차피 삶은 환상이라지만 그래도 오래 오래 사시구려.

— 어느 일간지에서

지금 있는 이 자리가 나에게 가장 행복한 자리. 어제도 아니고 내일도
아니고 지금 이 시간이 바로 그 시간. 내가 꿈을 꾸었을 때 지금을 참고
견디면 미래는 분명 행복할 것이라 믿었고 내가 현실에 괴로워했을 때
지금만 지나가면 분명 더 나아질 것이라 믿고 싶었다. 더 많이 가지고 더
높이 오르면 나는 지금보다 훨씬 자유로울 것이라 여겼다. 나이가 들고
생각이 깊어진 지금 나는 하나의 진리를 생각한다. 지금 이 순간이 행복
하지 못하면 나는 절대 행복할 수 없으며 지금 이 상황을 만족하지 못하
면 나는 절대 행복할 수가 없음을. 행복은 공간이나 시간 속에서가 아닌
사랑에 단련된 내 마음 속에서 피어나는 것임을.

- 미상

어리석은 자와 가까이 말고 슬기로운 이와 친하게 지내라. 그리하여 존
경할 만한 사람을 섬기어라. 이것이 인간에게 최상의 행복이다. 분수를
지키며 항상 공덕을 쌓지 못했다고 생각하라. 이것이 인간에게 최상의
행복이다. 부모를 잘 섬기고 처자를 아끼고 보호하며 올바른 생업에 정
진하라. 이것이 인간에게 최상의 행복이다. 보시를 행하고 계율을 지키
며 친족에게 인정을 베풀고 비난 받을 일을 하지 말라. 이것이 인간에게
최상의 행복이다. 악업을 즐거움으로 삼지 말고. 술 마시고 분수를 잃지
말며, 모든 일에 게으르지 말라. 이것이 인간에게 최상의 행복이다. 다
른 이를 존중하고 스스로 겸손하며, 만족할 줄 알고 은혜를 생각하며
시간이 있을 때면 가르침을 들어라. 이것이 인간에게 최상의 행복이다.

참고 온순하며 스스로를 제어하고 청정한 행을 닦아 불멸의 진리를 깨닫고, 마침내 열반을 이룰 수 있으면 이것이 인간에게 최상의 행복이다. 그때엔 비방에도 마음이 흔들리지 않고, 얻고 얻지 못함에 마음 상하지 않으며, 걱정도 분노도 없는 행복이 찾아올 것이니. 이것이 인간에게 최상의 행복이다.

－『**최상의 행복**』, 대길 ○○

사랑은 인생의 온갖 모순을 해결하는 참된 행복이며 최상의 행복이다. 그것은 죽음의 공포를 사라지게 할 뿐만아니라 남을 위한 자기의 희생으로 사람을 이끈다. 사랑하는 사람에게 자기 생활을 바친다는 사랑 이외에 더 큰 사랑은 없으며, 사랑이 자기 희생일 때 비로소 사랑이라는 이름에 어울리기 때문이다. 따라서 참된 사랑이란 사람이 개인적인 행복을 얻을 수 없다고 깨달았을 때에 비로소 실현되는 것이다.

－『**사랑은 최상의 행복**』, 톨스토이

내가 만일 다시 젊음으로 되돌아간다면, 거우 시키는 일을 하며 늙지는 않을 것이니 아침에 일어나 하고 싶은 일을 하는 사람이 되어 처둣처럼 내 자신에게 놀라워하리라. 신神은 깊은 곳에 나를 숨겨 두었으니 헤매며 나를 찾을 수밖에. 그러나 신도 들킬 때가 있어 신이 감추어 둔 나를 찾는 날 나는 승리하리. 길이 보이거든 사자의 입속으로 머리를 처넣듯 용감하게 그 길로 돌진하여 의심을 깨뜨리고 길이 안보이거든 조용히 주어진 일을 할 뿐 신이 나를 어디로 데려다 놓든 그곳이 바로 내가 있어야 할 곳.

— '다시 젊음으로 돌아간다면', ○○○의 『미치지 못해 미칠 것 같은 젊음』 중에서

세상에서 말하는 친구는 네 가지 유형의 친구가 있다. 첫 번째 친구는 꽃과 같은 친구이다. 꽃이 피어 예쁠 때는 그 아름다움에 찬사를 아끼지 않으나 꽃이 지거나 시들게 되면 돌아보는 이 없듯이. 자기 좋을 때만 찾아오는 친구이다. 두 번째 친구는 저울과 같은 친구이다. 저울은 무게에 따라 이쪽으로 또는 저쪽으로 기우는 것처럼 본인에게 이익이 있느냐 없느냐에 따라서 움직이는 친구이다. 세 번째 친구는 산과 같은 친구이다. 산은 많은 새와 짐승들의 안식처이듯이. 멀리 있어도 가까이 있어도 늘 그 자리에서 반겨준다. 그처럼 생각만 해도 편안하고 마음 든든한 친구이다. 네 번째 친구는 땅과 같은 친구이다. 땅은 생명의 싹을 틔워주고 곡식을 길러내며 그 어떤 차별 없이 누구에게나 조건 없이 자신을 내어준다. 늘 한결같은 마음으로 응원해주고 믿어주는 친구이다.

— 존 철튼 ○○○

삶을 위해 그동안 외지에서 생활한 저자에게, 군 친구와 직장 친구는 고향에 있을 리 없지만, 죽마고우와 동창이 있는 아름다운 고향 통영에서 행복을 느낀다.

세상을 살다 보면 수많은 친구를 가지게 된다. 어릴 적 추억을 함께

공유했던 죽마고우도 있고, 학창시절을 함께한 동창 친구도 있고, 희로애락을 함께한 군 친구와 직장 친구도 있다. 친구들에게 저자는 어떤 친구일까? 또, 수많은 친구 중 저자에게 꽃과 같고, 저울과 같고, 산과 같고, 땅과 같은 친구는 어떤 친구일까? 그러나 분명한 것은 이러한 친구들은 솔직하다는 것이다. 입장을 바꾸어 생각하여 틀리면 틀린다고 솔직하게 말할 수 있다는 것이다. 너무 솔직해서 기분이 좋지 않을 수도 있지만… 거리낌 없게 솔직하게 말할 수 있는 것이 친구이다.

• 욕지도 전경

인생을 뒤돌아보고 잘못된 것이 있으면 늦었다고 할 때가 빠를 때이므로, 나이 60이 넘은 저자이지만 타인을 배려하는 행복한 삶을 위해서 잘못된 것은 지금이라도 고쳐가면서 갈 것이리라. 어릴 적에는 빨리 커서 어른이기 싫고 어른이 되어서는 어린 시절이 그립다고 말하는 것은 남의 떡이 더 커 보여서일까?

아래의 순수한 우리말을 자신이 아닌 타인을 생각하며 사용해 보자. 타인을 생각하지 않고 자신만 생각한다면 순우리말이 필요 없게 될 것이다. 왜냐하면, 타인이 알든 모르든 소리만 지르면 되니까… 말은 타인이 알게 하는 데 필요한 것이지 타인이 알 수 없는 소리는 말이 아니다.

- 가늠: 목표나 기준에 맞고 안 맞음을 헤아리는 기준. 일이 되어 가는 형편.
- 가라사니: 사물을 판단할 수 있는 지각이나 실마리.
- 가람: 강.
- 가래톳: 허벅다리의 임파선이 부어 아프게 된 멍울.
- 가시버시: 부부를 낮추어 이르는 말.
- 가우리: 고구려(중앙).
- 갈무리: 물건을 잘 정돈하여 간수함. 일을 끝맺음.
- 개골창: 수챗물이 흐르는 작은 도랑.
- 개구멍받이: 남이 밖에 버리고 간 것을 거두어 기른 아이(=업둥이).
- 개맹이: 똘똘한 기운이나 정신.
- 개어귀: 강물이나 냇물이! 바다로 들어가는 어귀.
- 개염: 욕심.
- 거끔내기: 서로 번갈아 하기.
- 고빗사위: 고비 중에서도 가장 아슬아슬한 순간.
- 고샅: 마을의 좁은 골목길. 좁은 골짜기의 사이.

- 고수련: 병자에게 불편이 없도록 시중을 들어줌.

- 고운매: 아름다운 맵시나 모양. 또는 아름다운 여인.

- 고뿔: 감기.

- 곡두: 환연. 신기루.

- 골갱이: 물질 속에 있는 단단한 부분.

- 곰비임비: 물건이 거듭 쌓이거나 일이 겹치는 모양.

- 곰살궂다: 성질이 부드럽고 다정하다.

- 구다라: 백제(큰 나라).

- 구성지다: 천연덕스럽고 구수하다.

- 구순하다: 말썽 없이 의좋게 잘 지내다.

- 구완: 아픈 사람이나 해산한 사람의 시중을 드는 일.

- 굽바자: 작은 나뭇가지로 엮어 만든 얕은 울타리.

- 그느르다: 보호하여 보살펴 주다.

- 그루잠: 깨었다가 다시 든 잠.

- 그루터기: 나무나 풀 따위를 베어낸 뒤의 남은 뿌리 쪽의 부분.

- 그린비: 그리운 선비. 그리운 남자.

- 글벙어리: 글을 읽고 이해는 해도 제대로 쓰지는 못하는 사람

- 글속: 학문을 이해하는 정도.

- 글자살이: 글자를 쓰고 읽고 하는 일.

- 글품쟁이: 글 쓰는 일을 업으로 하는 사람.

- 기를: 일의 가장 중요한 고비.

- 기이다: 드러나지 않도록 숨기다.

- 길라잡이: 앞에서 길을 인도하는 사람.

- 길섶: 길의 가장자리.

- 길제: 한쪽으로 치우쳐 있는 구석진 자리. 한 모퉁이.

- 길품: 남이 갈 길을 대신 가주고 삯을 받는 일.

- 까막까치: 까마귀와 까치.

- 깔축없다: 조금도 축내거나 버릴 것이 없다.

- 깜냥: 어름 가늠해 보아.

- 깨단하다: 오래 생각나지 않다가 어떤 실마리로 말미암아 환하게 깨
  닫다.

- 꺼병이: 꿩의 어린 새끼.

- 꼬리별, 살별: 혜성.

- 꿰미: 구멍 뚫린 물건을 꿰어 묶는 노끈.

- 끄나풀: 끈의 길지 않은 토막.

- 끌끌하다: 마음이 맑고 바르며 깨끗하다.

- 꽃눈개비: 눈같이 떨어지는 꽃잎.

- 꽃멀미: 꽃의 아름다움이나 향기에 취하여 일어나는 어지러운 증세.

- 꽃무리: 꽃이 무리 지어 피어 있는 것.

- 꽃빛발: 내뻗치는 꽃 빛깔의 기운.

- 꽃샘: 이른 봄철 꽃 필 무렵의 추위. 잎샘이란 말도 있음.

- 끊다: 잘잘못이나 좋고 나쁨을 살피어 정하다.

- 나르샤: 날다.

- 나릿물: 냇물 나롯: 수염.

- 내: 처음부터 끝까지.

- 너비: 널리.

- 너울: 바다의 사나운 큰 물결.

- 노고지리: 종달새.

- 노녘: 북쪽.

- 노량: 천천히, 느릿느릿.

- 노루막이: 산의 막다른 꼭대기 .

- 높바람: 북풍. 된바람.

- 높새바람: 북동풍.

- 누리: 세상.

- 눈정: 보고 느끼는 정분.

- 눈꽃: 나뭇가지에 얹힌 눈.

- 느루: 한 번에 몰아치지 않고 시간을 길게 늦추어 잡아서.

- 는개: 안개보다 조금 굵고 이슬비보다 조금 가는 비.

- 늘품: 발전 가능성.

- 다솜: 애틋한 사랑의 옛말.

- 단미: 달콤한 여자. 사랑스러운 여자.

- 단춤: 기분 좋게 추는 춤.

- 달: 땅. 대지. 벌판.

- 달구리: 이른 새벽의 닭이 울 때.

- 달소수: 한 달이 좀 지나는 동안.

- 달뜨기: 달이 뜨는 것. [비슷] 달돋이. 월출.

- 닷곱: 다섯 홉. 곧 한 되의 반.

- 닻별: 카시오페아 별.

- 더기: 고원의 평평한 땅.

- 덧두리: 정한 값보다 더 받은 돈(비슷한 말: 웃돈).

- 덧물: 얼음 위에 괸 물.

- 도래샘: 빙 돌아서 흐르는 샘물.

- 도투락: 어린 계집아이가 드리는 자줏빛 댕기.

- 돋을볕: 처음으로 솟아오르는 햇볕.

- 돌심보: 속엣것을 겉으로 드러내지 않는 냉정한 마음보. 그런 마음보를 가진 사람.

- 돌심장: 여간한 자극에는 감정이 움직이지 않고 뻣뻣해 있는 성질. 그런 성질의 사람.

- 돌티: 돌의 잔 부스러기.

- 둥개질: 아기를 안거나 쳐들고 어르는 일.

- 둥치: 큰 나무의 밑둥.

- 뜨게부부: 정식으로 혼인하지 않고 우연히 만나서 어울려 사는 남녀.

- 띠앗머리: 형제·자매 사이에 우애하는 정의情誼. [준말] 띠앗.

- 라온: 즐거운. 나온.

- 마녘: 남쪽. 남쪽 편.

- 마늘각시: 마늘같이 하얗고 반반하게 생긴 각시를 이르는 말.

- 마루: 하늘의 우리말

- 마름쇠: 도둑이나 적을 막기 위하여 땅에 흩어 두었던 쇠못.

- 마수걸이: 첫 번째로 물건을 파는 일.

- 마음자리: 마음의 본바탕. [유의어: 심지].

- 마장: 십 리가 못 되는 거리를 이를 때 리 대신 쓰는 말.

- 마파람: 남풍. 남쪽에서 불어오는 바람.

- 매지구름: 비를 머금은 검은 조각구름.

- 메: 산. 옛말의 뫼가 변한 말.

- 모도리: 조금도 빈틈이 없는 아주 야무진 사람.

- 물아범: 물을 긷는 남자 하인. [반대말] 물어미.

- 몽구리: 바짝 깎은 머리.

- 묏채: 산덩이.

- 무따래기: 함부로 훼방 놓는 사람들.

- 묵정이: 오래 묵은 물건.

- 묵이: 오래된 묵은 일이나 물건.

- 미리내: 은하수.

- 미세기: 밀물과 썰물.

- 미쁘다: 진실하다.

- 민낯: 여자의 화장하지 않은 얼굴.

- 민얼굴: 꾸미지 않은 얼굴. [유의어] 민낯.

- 바라지: 햇빛을 받아들이기 위하여 벽에 낸 자그마한 창.

- 바자: 대, 갈대, 수수깡 등으로 발처럼 엮거나 결은 물건.

- 바자울: 바자로 만든 울타리.

- 바오: 보기 좋게.

- 박새: 백합과의 다년초. 찬 지방의 습지에 남.

- 반춤: 춤추는 것같이 흔들거리는 동작.

- 밤빛: 어둠 사이의 희미한 밝음. [유의어] 어둠 빛.

- 버금: 다음 가는 차례.

- 버시: 지아비. 남편. 가시버시는 부부의 옛말.

- 벌: 아주 넓은 들판. 벌판.

- 벗: 친구의 순수 우리말.

- 베리, 벼리: 벼루.

- 별똥별: 유성.

- 별밭: 밤하늘에 별이 총총히 뜬 모양을 밭에 비유한 말.

- 볼꼴: 남의 눈에 뜨이는 모양이나 태도.

- 볼꾼: 구경하는 사람들. 구경꾼.

- 볼눈: 무엇을 바라보거나 처다보는 눈.

- 볼우물: 보조개.

- 부룩소: 작은 수소.

- 붙박이별: 북극성.

행복은 성적순이 아니다

- 비각: 모순.

- 비발: 비용.

- 비무리: 한 떼의 비구름.

- 사리풀: 가시과의 일년 또는 다년초 풀. 잎에 맹독이 있어 마취 약재
  로 쓰임.

- 사부자기: 힘들이지 아니하고 가만히.

- 사시랑이: 가냘픈 사람이나 물건.

- 산: 뫼.

- 산둘레: 산의 언저리.

- 산마루: 정상(산의).

- 산안개: 산에 핀 안개.

- 살밑: 화살촉.

- 삿갓구름: 외따로 떨어진 산봉우리의 꼭대기 부근에 걸리는 삿갓 모
  양의 구름.

- 상고대: 초목에 내려 눈같이 된 서리.

- 새녘: 동쪽. 동편.

- 새벽동자: 새벽밥 짓는 일.

- 새암: 샘.

- 샛바람: 동풍을 뱃사람들이 이르는 말.

- 샛별: 새벽에 동쪽 하늘에서 반짝이는 금성 어둠별.

- 서리담다: 서리가 내린 이른 아침.

- 성금: 말한 것이나 일한 것의 보람.

- 소담하다: 생김새가 탐스럽다.

- 소젖: 우유.

- 숯: 신선한 힘.

- 시게: 시장에서 거래되는 곡식.

- 시나브로: 모르는 새 조금씩 조금씩.

- 시밝: 새벽.

- 씨밀레: 영원한 친구의 우리말.

- 씰개: 털이 짧은 개.

- 아라: 바다의 우리말.

- 아람: 탐스러운 가을 햇살을 받아서 저절로 충분히 익어 벌어진 과실.

- 아람치: 자기의 차지가 된 것.

- 아미: 눈썹과 눈썹 사이(미간).

- 아사: 아침.

- 아띠: 사랑.

- 알범: 주인.

- 애사내: 밤에 성적으로 여자를 괴롭히는 남자.

- 애오라지: 마음에 부족하나마, 그저 그런대로 넉넉히, 넉넉하지는 못하지만.

- 언저리: 부근, 둘레.

- 여우별: 궂은 날 잠깐 났다가 사라지는 별.

- 오롯하다: 모자람이 없이 완전하다.

- 온누리: 온 세상.

- 용: 미르.

- 울: 온 세계. 온 세상.

- 이든: 착한. 어진.

- 잔별: 작은 별.

- 젖누님: 유모.

- 채금: 풀잎으로 부는 피리.

- 초꼬슴: 일을 하는데 맨 처음.

- 츠렁바위: 험하게 겹겹으로 쌓인 큰 바위.

- 칼벼락: 몹시 호된 벼락.

- 칼벼랑: 깍아지른 듯이 험하고 위태로운 벼랑.

- 코뭰 송아지: 약점을 잡힌 사람을 비유하는 말.

- 코푸렁이: ① 줏대 없이 흐리멍덩하고 어리석은 이. ② 풀어 놓은 코나 묽은 풀처럼 흐늑흐늑한 것.

- 타니: 귀걸이.

- 타래: 실이나 노끈 등을 사려 뭉친 것

- 터줏대감: 한동네 단체 같은 데서 그 구성원 중 가장 오래되어 터주 격인 사람을 농으로 일컫는 말.

- 톳나무: 큰 나무.

- 파니: 아무것도 하는 일 없이 노는 모양.

- 편수: 공장의 두목.

- 품바: 장터나 길거리로 돌아다니면서 동냥하는 사람.

- 피딱지: 닥나무 껍질의 찌끼로 뜬 품질이 낮은 종이.

- 하늘바래기: 우두커니 하늘을 바라보는 일.

- 하늬바람: 서풍.

- 하리장이: 하리놀기를 일삼는 사람.

- 한: 아주 큰.

- 한솔: 아내와 남편. 부부. 팍내. 가시버시.

- 한울: 한은 바른, 진실한, 가득하다는 뜻이고 울은 울타리 우리 터전
  의 의미.

- 함박: 분량이 차고도 남도록 낙낙하게.

- 핫아비: 아내가 있는 남자. (핫어미, 핫어머니 등).

- 햇귀: 해가 떠오르기 전에 나타나는 노을 같은 분위기.

- 햇무리: 햇빛이 대기 속의 수증기를 비추어 해의 둘레에 동그랗게 나
  타나는 빛깔있는 테두리.

- 혼불: 도깨비불. 또는 영혼을 비유하는 말.

- 흔줄: 사십 줄 나이.

- 헤윰: 생각.

- 희나리: 덜 마른 장작.

- 흰여울: 물이 맑고 깨끗한 여울

· 통영 죽림 야경

행복한 생활

억수로 좋은 날은 마음먹기 따라 다르게 되겠지만, 우리는 행복을 느낄 수 있는 억수로 좋은 날을 많이 가져야 한다. 우리에게 꿈은 있어야 하지만, 현실에 맞는 꿈을 가지고 전진하는 것이 '억수로 좋은 날'을 많게 하는 것이지 실현 가능성이 희박한 이상적인 꿈을 가지고 전진하는 것은 '억수로 좋은 날'을 적게 하는 것이다.

행복한 날이 많게 하기 위해서는 실현 가능성이 있는 목표를 설정하여 이를 실천함으로써 행복감을 여러 번 갖게 하는 것이 좋다.

교복을 입으면 학생이다가 사복을 입으면 사회인이 되고, 또 군복이나 예비군복을 입으면 철없는 짓만 하던 사람이 외출복을 입으면 아주 점잖은 사람이 되듯이, 행복은 자신이 마음먹기에 따라 가질 수 있는 것이므로 우리는 실현 가능성이 있는 목표를 정하여 실현된다는 자신감을 가지고 그 목표에 도전하여 실천함으로써 좋은 날을 많이 만들어서 행복한 날이 많게 하자.

노래에 대해서 말하자면 노래를 부르는 사람을 가수라고 한다. 그러면 가수의 행복은 무엇일까? 가수 개인생활에 대한 것이 아니고 노래에 대해 말하는 것이며, 행복은 최선을 다하여 가수 자신만 만족하는 것이 아니고 타인(청중)도 만족해야 하는 것이므로, 가수 혼자의 만족이나 최선이 아닌 청중(듣는 사람)도 만족하는 것이 가수의 행복이다. 즉 최선(열심히)을 다하여도 청중을 노래에 몰입(감동)되게 하지 못하는 가수는 행복한 가수가 아니다. 가수를 예로 말한 것이지만, 가수뿐만 아니라 모든 사람은 자신이 행복하기 위해서는 상대방이 만족해야 하는 것이며, 따라서 상대방이 만족하지 않는 것은 자신의 만족일 수는 있을지라도 불행임을 알아야 한다.

시험에 합격하였거나 눈이나 비 오는 것을 보고 좋아하는 사람들이 많다. 그럴 리는 없겠지만 만약 합격을 위해 눈이나 비 오는 날을 상관하지 않는 사람이 있다면, 이 사람에게는 합격은 한 번이므로 좋은 날은 한 번밖에 없게 될 것이다. 그러나 눈, 비 오는 날을 좋아한다면 눈, 비 오는 날이 합격하는 날보다 더 많으므로 우리는 쉽게 눈, 비 오는 날을 맞게 되어

• 꿈나무

좋아하는 날이 많게 될 것이다. 우리는 눈높이를 낮추어 '억수로 좋은 날'을 많이 만들어 행복한 날이 아주 많게 하자.

　어느 흐린 날 달려가는 구름을 보고, 바람은 보여질 수 없으니 하늘을 대신하여 구름이 비가 내릴 것을 말한다는 생각이 들었다. 열 길 물속은 알아도 한 길 사람 속은 알 수 없는데 하늘은 구름을 통해 그 마음을 알려 준다. 이는 저자의 생각이며 생각은 자유롭게 할 수 있듯이, 불행도 행복이라고 긍정적으로 생각하자.

• 구름

　저자가 아무것도 모르던 어릴 적에 좋았던 때는 방학할 때였고, 불행할 때는 방학이 끝날 때였다. 그러다가 철들고 나서 가장 좋았던 때라면 공무원 시험에 합격했던 때였다. 그러나 어디에서나 어려움이 존재한다는 것을 간과한 합격의 기쁨은 이내 갈등으로 돌아왔다. 즉, 저자에게 어려움이란 저자 의지대로 업무를 처리할 수 없게 되자 공무원 생활을 계속 해야 하는지 말아야 하는지에 대한 갈등이었다. 합격은 순간적인 기쁨이었을 뿐 저자에게 영원히 지속하는 행복은 아니었으며, 무책임하게 행동할 수도 없었던 저자의 형편에서 그 갈등은 저자의 갈등이었을 뿐이었다.

사회에는 강자強者와 약자弱者의 갈등葛藤은 항상 있게 되지만 억울하면 출세하라는 말도 있듯이 약자弱者는 강자強者가 되기 위해 노력하지도 않았으면서 강자強者와 갈등葛藤하여서는 안되며 또 강자強者는 약자弱者의 도움 없이 무엇을 할 수 있었겠는가를 생각한다면 강자強者는 베풀 능력이 있을 때 약자弱者에게 베풀 줄 알아야 할 것이다. 닭이 먼저니 알이 먼저니 식의 사고로는 논쟁거리만 될 뿐 해결책은 아니므로, 서로 간의 행복을 위해 강자強者는 강자強者대로 약자弱者는 약자弱者대로 입장을 바꾸어 생각해야 할 것이다.

강자는 약자에게서 빼앗는 것이지 약자에게 빼앗기는 것은 강자가 아니다. 따라서 약자에게서 빼앗는 강자가 강자일 때에는 약자를 배려할 수는 없겠지만, 강자는 약자가 되어서야 약자의 입장을 이해하게 될 것이다. 왕도 죽듯이 인생에서 영원한 것은 없으므로, 강자는 강자일 때 약자를 배려하는 용기가 있어야지 약자가 되어 강자를 탓하는 것은 자신이 강자일 때를 잊어버린 것이다.

우리나라의 아픈 역사를 보면 왕의 정권이 있었던 후에 일본 정권이 있었으며, 해방 후에는 미국과 북한(중국)이 교차하다가 드디어 우리나라 대통령이 탄생하게 되었다. 이는 우리 민족이 어려운 시대를 겪으면서도 여러 상황의 환경에서도 오뚝이처럼 지내 왔음을 의미하는 것으로 이러한 어려움 속에서도 우리 민족은 사랑하고 울고 웃기도 하면서 지내온 것이다. 그중 독립운동하던 분들을 생각해보면 이분들은 웃음을 참아야만 했을 것이다. 웃음을 참아야만 했던 이분들께 저자는 우리나라 사람으로서 경의를 표하지만, 개인적으로는 조국을 위해 웃음없이 살다간 그분들의 생生에 안타까움을 느낀다.

사후死後에 이름을 남기기 위해서 현재를 희생하는 것은 개인적으로 보면 불행이라고 할 수 있다. 사후死後에는 자기 이름이 남아 있는지도 알 수 없는데 알 수 없는 사후死後를 위해 현재의 자기를 희생하는 것은 안타까운 일이다. 사후死後보다는 현재가 더 중요함에도 사후死後를 위해 현재를 참는 것은 옛말(호랑이는 죽어서 가죽을 남기고 사람은 죽어서 이름을 남긴다)이 당사자의 행복한 삶을 위한 말이 아니고 자기는 하지 못하니 희생을 통해 후세 사람들에게 이름을 남길 것을 타인에게 주문하는 말이다.

우리는 한 곳에 집념하지만 말고 이런저런 일을 하면서 살아가야 한다. 이는 한 우물을 파야 성공하는데 한 우물을 파는 것이 아니라고 나무랄지도 모르지만, 그것은 잘못된 생각이다. 즉, 꿈을 변동하지 말고 이런저런 일에서 행복을 만들자는 것이지 꿈을 변동하여 행복을 만들자는 것이 아니다.

직접 일하는 사람이 있어야 직접 일하지 않아도 되는 사람도 있을 수 있듯이 고생이 몸에 밴 사람과 그 혜택으로 윤택하게 사는 사람이 있다. 윤택한 사람도 처음에는 그렇지 않았을지도 모르지만 윤택하게 사는 사람은 고생을 모른다. 즉, 고생은 현실과 부딪치며 살지만 윤택하게 사는 사람은 현실과 부딪치지 않고 산다는 것을 의미한다. 따라서 고생하면서 현실에서 행복을 느낄 수 있었던 사람과 윤택한 생활로 현실과 동떨어지게 산 것이 행복이라고 생각한 사람 중 누가 더 행복한 사람일까? 그 사람은 윤택한 생활을 하는 사람이 아닌 고생을 더 행복하게 할 방법을 찾아 이런저런 일을 하면서 살아온 사람이다. 왜냐하면 이런저런 일을 하면서 살아가는 중 행복을 느끼게 되는 일이 많다.

자식을 결혼시키기 어려운 형편이었던 부모가 '없던 가구가 하나둘 생기는 것도 기쁨이다.'라며 위로하면서 결혼하여 자신에게 없던 가구가 하나둘 생길 때 느끼는 흐뭇한 마음이 바로 행복이다. 만약 가구가 있었다면 이러한 행복이 있었을까?

'그때가 부럽다.'고 말하는 사람도 많지만 우리는 행복을 저금하면서 살지 말고 그때그때 행복을 느끼면서 살자.

한 가지씩 이루면서 흐뭇한 마음을 갖는 것도 행복이므로, 꿈은 향체 전진하는 과정에서 한 가지씩 이루어진다면 그것이 행복이다. 꿈만 생각하다가는 자기 얼굴을 책임질 수 없게 될지도 모르므로, 꿈은 가슴속 깊이 묻어두고 꿈을 향해 전진하는 과정에서 그때그때 좋은 일을 느끼면서 즐겁고 행복하게 살자. 40대가 넘어가면 얼굴에 책임져야 한다는 말을 생각하면서, 흐뭇한 일이 많게 되면 얼굴에 웃음이 그려질 것이다. 웃으면 복이 온다.

이솝우화 중 개미는 여름 내내 일하면서 근면하게 살았으나 베짱이는 여름 내내 나무에서 죽어라고 노래만 부르면서 계획 없이 살았다는 내용의 '개미와 베짱이'를 보면, 개미가 보기에는 베짱이가 노는 것 같이 보였을 것이다. 개미는 베짱이가 노래를 잘 부르든 못 부르든 베짱이의 노랫소리가 들리지 않으면 이상할 정도로 어떤 개미에게는 그 노랫소리가 사치스럽고 시끄러운 잡음이었을 수도 있었겠지만, 어떤 개미에게는 그렇지 않을 수도 있었을 것이다. 어쨌든 개미는 알게 모르게 베짱이의 노랫소리를 들으면서 일했다.

열심히 일한 개미를 탓하고 베짱이를 두둔하는 것은 아니지만, 개미는 보이지 않게 땅에서 조용히 일했지만, 베짱이의 노랫소리는 여름의 낮과 밤을 풍요롭게 했다. 베짱이의 노래는 녹음을 더 푸르게 보이게 했고 따가운 여름 햇살 아래에서 나뭇잎 사이로 개미가 실바람을 느끼게 하였다. 아마 개미는 그 소리를 들으며 더 열심히 일하게 되었을 것이다.

개미도 열심히 일했지만, 마음속의 풍요는 베짱이의 노래로부터 나왔다. 개미는 일은 열심히 했지만, 노래할 수가 없었기 때문에 베짱이의 노래를 들어야만 했던 운명이었다. 그래서 개미는 알게 모르게 베짱이에게 운명적으로 빚이 있어 겨울 동안 다음 해의 여름을 위해서 그 빚을 베짱이에게 갚은 것인지도 모른다. 겨울을 지나는 동안 베짱이들이 씨도 없이 다 죽는다면, 다음 여름에는 누가 개미에게 여름을 느끼게 해줄 수 있

• 트리

을까? 개미는 느끼지 못했지만, 베짱이의 노랫소리가 개미에게는 없어서는 안 될 소리였을지도 모른다.

저자가 아는 줄거리로는 여름 내내 노래만 불렀던 베짱이는 겨울이 오니 모아둔 식량이 없어서 추운 겨울을 이겨내지 못해 개미에게 먹을 것을 구하러 다니게 되자 개미가 베짱이를 자기 집에 들여서 추운 겨울을 나게 해주는 훈훈한 줄거리이다.

이 이야기는 근면·성실하고 또 부지런하고 유비무환인 개미의 생활을 베짱이의 생활과 비교하여 말하면서 근면·성실·부지런·유비무환 등의 교훈을 말하고 있다. 이 이야기에서 대다수 사람은 개미는 지혜롭고 베짱이는 어리석다고 생각할 것이나, 짧게는 5년 길게는 100년까지 사는 개미의 입장에서는 특성상 음식을 모으는 것이 당연한 일이었는지 모르지만, 수명이 1년밖에 되지 않는 베짱이에게는 음식을 모을 필요가 없었다는 것은 간과하고 개미와 베짱이를 비교한 것은 잘못된 비교라고 생각된다.

그러나 이것의 교훈은 '열심히 일하면서 지내자'인데, 저자가 이것을 보며 말하고 싶은 것은 개미와 베짱이의 생활이다. 즉, 죽을 때까지 음식만 모으다 일생을 마감하는 개미보다 적당하게 모아 먹고 유쾌하게 산 베짱이가 더 합리적이고 즐겁게 산 것이라고 생각한다. 어쨌든 '개미와 베짱이'의 내용과 같이, 베짱이는 정말 쓸모없는 게으름뱅이며 낙오자에 불과한 것일까? 저자는 일밖에 모르고 산 개미는 측은하지만, 원하는 것을 하면서 즐겁게 지낸 베짱이가 더 행복하게 산 것이라고 생각한다. 개미처럼 미래의 행복을 위해 현재의 행복을 차후로 미루고 현재를 힘들게 산다는 것은 잘못된 것인 것 같다.

개미처럼 열심히 일하는 사람들은 쉽게 볼 수 있지만, 베짱이와 같은 사람들은 상대적으로 수도 적고 노는 곳도 달라서 개미 같은 사람들에게는 쉽게 잘 보이지 않는다. '유유상종'이란 말도 있듯이 베짱이와 같은 사람들은 주로 대중매체를 통해서 접할 수는 있지만 그들의 대부분은 끼가 있고 전문기술을 지녔으며 바쁘기도 하겠지만, 그들은 기쁨이 부족한 것 같고 진정으로 행복한 것 같지 않은 얼굴들이다.

요즘 돈 때문에 불행한 사람들이 많다. 돈이 없었으면 부모나 형제간에 서로 반목하는 일은 없을 텐데…. 저자는 돈이 없어서 행복한가 보다?

젊은이들을 중심으로 자신이 속한 계층을 가늠하는 이른바 '수저계급론'이 논란되고 있다. 즉, 금수저를 넘어 최상위 부유층 자녀를 가리키는 '다이아몬드 수저'까지 등장하고 있다. 다이아몬드 수저는 재벌이나 초고액 자산가 등 상위 0.1% 이하에 속한 자녀들을 지칭하는 개념으로 일반인은 진입이 사실상 불가능한 대상을 말하며, 대기업 오너 일가의 3~4세는 성인이 되기 전에 일반 사람이 평생 벌어도 모으기 힘든 돈은 갖게 되는 자녀들이 여기에 해당한다.

주요 그룹의 인사를 살펴보면 재벌 3~4세들은 발 빠르게 승진하고, 타인은 발 빠르게 승진하지 못한다. 총수 일가의 발 빠르게 승진에 대해 '책임 경영'을 내세우고 있지만, 실상은 '수저계급론'의 대표적인 사례이다.

'이태백', '삼포세대', '청년실신' 등의 신조어에 이어 '수저론' 논란으로 점차 확산하게 된 것은 그만큼 젊은 사람들이 우리 사회에서 체감하는 신분상승에 대한 좌절감이 커지고 있다는 것이고, 따라서 젊은 사람들에게 불행감이 증가하게 되었다는 것을 의미한다.

수저로 출신 환경을 빗대는 표현은 애초에 '은수저를 물고 태어나다' (born with a silver spoon in mouth: 부유한 가정 출신이다)는 영어 숙어에서 비롯된 것으로, 부모의 재산과 사회적 지위에 따라서 금수저, 은수저, 동수저, 흙수저 등으로 불린다.

부의 격차뿐 아니라 취업도 부모가 누구냐에 따라 성패가 엇갈린다는 일종의 자조 섞인 탄성도 나오긴 하지만, 부富 때문에 부모나 형제간에도 앙금이 생길 수도 있다는 것을 알아야 한다. 요즘 대학생들이 개인화되고 인터넷화된 것도 자신의 상황을 포기하는 일종의 자조적인 성격으로 볼 수도 있을 것이다.

살면서 '개미가 되기를 원한 것도 아닌데 알고 보니 내가 바로 개미처럼 살았다는 허탈감!'을 어떻게 버릴까? 이왕 개미일 바에야 차라리 병정개미 같은 특수(?)개미가 더 나았을 텐데⋯ 농부일 바에야 수도권 개발지역의 농부나 되지⋯ 태어날 바에야 '다이아몬드 수저'나 '금수저'를 물고 태어날 것을⋯.

물론 '다이아몬드 수저'나 '금수저'를 물고 태어났다면 좋을 수도 있겠지만, 그것이 반드시 행복한 것은 아니다. 행복지수는 부자 나라보다는 가난한 나라가 더 높으며 '금수저'를 물고 태어난 사람보다는 '동수저'를 물고 태어난 사람에게 '금수저'가 되기 위해서라도 희망이 더 많을 수밖에 없다. 그리고 '금수저'든 '동수저'든 결국 남는 것은 '금수저', '동수저'가 아닌 행복한 죽음이다.

개미는 베짱이가 될 수 없고 베짱이는 개미가 될 수 없듯이, 개미는 개미생활을 베짱이는 베짱이생활을 해야지 개미가 베짱이 생활이 부러워 베짱이가 되려고 하는 것은 허황한 욕심일 뿐이며, 욕심이 과過하면 화禍가 될 수 있다.

허황한 욕심이지만, 저자는 베짱이처럼 살지 못하게 된 것이 야속하다. 지금이라도 할 수 있다면 베짱이처럼 노래하면서 살아가는 행복을 가지고 싶다.

회사에서 직원들에게 묻는 설문 중에 이런 문항이 있다. '우리 회사를 친구나 친척, 주변 사람들에게 추천하겠습니까?' 혹은 '향후 ○년 내, 이직할 의도가 있습니까?' 이런 물음은 회사에 대한 직원들의 'Engagement', 우리말로 '몰입도'를 측정하는 질문이다. 회사는 그 직원의 충성심(Loyalty)이 궁금하기 때문이다.

이런 의도를 제대로 파악하지 못해 '보통'으로 답하지 않는 것이 좋다. '우리 회사에 다닌다는 자부심을 바탕으로, 받는 돈보다 더 열심히 계속 일할 건가요?'라는 것이 질문의 의도라는 것을 알고 답해야 한다. 물론 알고 있다고 해도 솔직하게 답하기는 쉽지 않다. 회사는 그 직원의 충성심이 어떤지 무척 궁금하고, 반면 그 직원은 자신의 속내를 들키고 싶지 않아서이다.

브라질에 선박 부품을 제조하는 'SEMCO'라는 회사가 있다. 매년 매출 성장세가 놀랍도록 상승하고 있고, 브라질 선박업계 평균 이직률(15%)보다 훨씬 낮은 1~2% 수준의 이직률을 기록하고 있다. 이직률 1%라는 것은 달리 말하면 직원 입장에서 나갈 이유가 거의 없는 회사라는 얘기다. 참고로 2014년 어느 취업 포털에서 이직률에 관한 조사를 한 적이 있는데, 결과를 보면 국내 대기업의 경우는 10% 이상이고 중소기업은 20%에 육박했다.

SEMCO에는 정해진 조직도도 없고, 위에서 내려오는 사업 목표도 없다. 대신 매년 구성원들이 협의해 회사가 감당할 수 있는 정도의 목표와 개인별 업무를 결정한다. 그리고 직원들이 개인의 삶에 충실할 때 회사와 일에도 몰입한다는 철학을 갖고 있다. 'Up'n down pay', 'Retire-A-Little'이라는 이름의 제도를 통해 자율적으로 업무 시간을 정하고 그만큼의 급여를 받는다. 직원들이 퇴근한 시간 중 모자란 업무 시간은 퇴직한 직원 중에서 원하는 사람들이 파트타임으로 채워서 일하는 체계로 돌아가고 있다.

기업용 소프트웨어를 개발하는 미국의 'SAS'란 회사의 직원 관리 철학은 신뢰와 평등이다. 즉, 직원들은 기본적으로 최선을 다하겠다는 의지가 있다고 믿으며, 직장이란 즐거운 곳이어야 하고 모든 직원은 한 사람의 인격체로서 존중받는다. 그래서 회사에는 없는 것이 많다. 임원 전용 시설이 없고, 실적 평가가 없으며, 눈앞의 매출과 이익만 따르게 만드는 단기 인센티브가 없다. 대신 자율적인 업무 환경이 있고, 리더와 직원 사이 격 없는 대화가 있으며, 매년 순익의 15%를 직원 퇴직연금으로 적립하는 제도가 있다. 이 회사의 이직률이 5%를 넘은 적이 없다.

예로 든 기업들에서 보듯이 회사에 대한 직원의 충성심은 회사가 만들어내야 한다. 충성심을 묻는 국내 기업들을 보면 이건 불안감의 또 다른 표현인 것 같다. 예를 들어 잘 대우해주고 싶은 직원이지만, 이 직원이 조만간 회사를 나갈 직원이라면 잘해줘 봐야 소용없다는 생각으로, 이왕이면 계속 있을 직원을 챙겨줘야 비용도 아깝지 않고 회사가 잘해줬다고 생색내기도 좋고 그 효과도 오래간다는 생각으로 비용 효율성의 관점에서 접근한다. 즉, 기업들은 잘못된 선택으로 비용이 낭비되고 효율이 감소할까 봐 불안한 것이다.

회사뿐만 아니라 리더들 입장에서도 충성심은 매우 궁금한 항목이다. 왜냐하면, 내 사람이 사라질까 봐 불안하니 확인하고 싶어진다. 다만 이건 회사에 대한 충성심이 아니라 리더 개인에 대한 충성심이다. 용맹했던 장수나 군주들도 나이가 들면 기력이 쇠하니 자연스레 용맹한 부하가 필요하다. 대신 그 부하는 무조건 내 편이어야 하고 나의 뒤통수를 쳐서는 안 된다. 이런 부하들이 회사를 떠나며 사라지는 것은 곧 자신의 힘과 권력이 사라지는 것과 다름없어서다. 흥미로운 점은 여전히 열정적이고 자신감 있는 리더들은 대체로 충성심에 덜 민감하며 아랫사람을 가리지 않는다는 점이다. 물론 같이 일하고 싶은 부하는 있기 마련이지만….

다행스러운 것은 많은 국내 기업이 직원들의 충성심을 이제는 다른 관점에서 주목하기 시작했다는 점이다. 일하기 좋은 환경, 혹은 직원들의 몰입이라는 표현이 충성심이라는 단어보다 자주 쓰이고 있다. 기존처럼 맹목적인 충성이 회사의 성장에 더는 유효하지 않고, 직원들도 평생 고용을 보장해주지 않는 회사에 인생을 바쳐야 할 필요성을 느끼지 못하는 시대가 왔기 때문이다. 왕족(Royalty)의 존속을 위해 충성(Loyalty)하는 시대는 점점 저물고 있으며, 이제 충성심은 측정의 대상이 아니라 회사가 노력해서 끌어내야 하는 것으로 바뀌고 있다. 그러나 회사가 진실하게 다가가면 직원들은 분명하게 답[因果應報]한다는 것을 알아야 한다.

어느 가수가 말하길 노래 부르기가 너무 힘들어 노래하지 않고 집에서 쉬었더니 오히려 병이 생겼었는데, 노래를 부르니 그 병이 사라졌다고 말했다. 즉, 원하는 것이 무엇인지 알고 원하는 것을 하는 것이 자신에게 가장 많은 행복을 가져다주는 것이다.

노래는 감정을 숨기지 않고 표현할 수 있어 적극적인 삶을 좋아하는 저자는 노래를 잘하지는 못하지만, 그때그때를 충전하기 위해 노래 듣는 것을 좋아한다. 여러분께서도 아는 '낙엽따라 가버린 사랑'이라는 노래를 읊어 본다.

또 다른 노래로 '양화대교'가 있다. 이 노래는 어린 날의 기억을 회상

하면서 앞으로 행복해지기를 바라는 내용의 노래이다.

• 환상

　우리나라 국민이 미국의 원조로 생활하고 또 생계를 위해 독일의 광부나 간호사로 취업하고 월남에 파병되는 등 우리가 어렵던 때를 생각한다면 현재는 안 되는 것이 없을 정도의 생활수준이다. 과거를 생각한다면 안 되는 것이 없을 정도의 현재의 생활수준이 된 것은 과거의 어려웠던 생활이 있었기 때문인 것으로 보인다. 서 있으면 앉고 싶고 앉으면 눕고 싶은 것이 당연하다 할지라도, 이 노래와 같이 서 있었던 과거를 생각하면서 현재와 미래의 행복을 꿈꾸면서 살자. 오늘은 과거가 있었기 때문이지 부모 없는 자식 없듯이 과거 없는 현재는 있을 수 없다.

• 인공

국민 90%가 국기를 가지고 있는 우리나라. 세계 빈곤국가 중의 하나에서 세계 10위권의 경제 대국이 된 우리나라. 기름 범벅이 된 바다에

100만 명의 자원봉사자가 달려가는 우리나라. 반세기 만에 GDP를 750배 향상한 우리나라. 광장에 700만이 모여도 단 한 번의 사고도 없었던 우리나라. 이처럼 우리가 살고 있는 우리나라는 누구도 하지 못한 일을 해낸 나라이듯이, 이런 우리나라를 우리가 중단되게 하여서는 안 된다. 과거 없는 현재나 미래는 없으며, 어렵던 때를 교훈으로 삼아야지 어렵던 때였다고 서 있었던 과거를 잊어버리는 것은 미래의 행복을 잊는 것과 같은 것이다.

저자는 즐겁게 운동하기 위해서 놀이공원에 자주 간다. 놀이공원에서 저자 또래의 나이 든 사람들을 만나기는 어렵지만, 활동적인 젊은 사람들을 많이 만나게 되므로 활력을 찾기 위해 놀이공원에 자주 가는 것이다. 나이 많은 우리나라가 아닌 활기차고 생기 넘치는 젊은 나라가 되게 하려고 노력해야 한다. 젊다는 것은 실천할 꿈을 가질 수 있다는 것이므로 이것이 행복이며 재산이다. 젊다는 게 재산이라는 노래도 있지 않은가?

사노라면 언젠가는 밝은 날도 오겠지. 흐린 날도 날이 새면 해가 뜨지 않더냐. 새파랗게 젊다는 게 한 밑천인데 째째하게 굴지 말고 가슴을 쫙 펴라. 내일은 해가 뜬다. 내일은 해가 뜬다. 비가 새는 작은 방에 새우잠을 잔데도 고운님 함께라면 즐거웁지 않더냐. ……(후략)……

희망찬 노래를 부르면서 뭔가 막힌 것 같았던 답답함을 풀자. 산에서는 큰 소리를 내지 못하겠지만, 마음으로가 아닌 입으로 힘차게 노래를 불러 그동안 쌓인 스트레스를 풀어 보자.

또 대부분 알고 있겠지만, 감성을 자극하는 노래 제목 일부만 적어 본다.

가버린 친구에게 바침 – 가을사랑 – 고독 – 골목길 – 귀거래사 – 그대 – 그대로 그렇게 – 그때가 지금이라면 – 그 사랑이 울고 있어요 – 그 어느 겨울 – 그 여인 – 그 집앞 – 그치지 않는 비 – 기다리는 아픔 – 길 – 괜찮아요 – 꽃이 바람에게 전하는 말 – 꽃잎처럼 지노라 – 끝없는 사랑 – 나같은 건 없는 건가요 – 나만의 슬픔 – 나보다 더 나를 사랑한 – 내가 가야할 길 – 내가 부를 너의 이름 – 내사랑 울보 – 내안의 거울 – 내 안의 눈물 – 내 하나의 사람은 가고 – 너를 기다려 – 너를 위해 – 너에게로 또다시 – 널 사랑하니까 – 널 사랑할 수밖에 – 네가 보고파지면 – 다시 태어나도 – 당신 따라갈 것을 – 더 맨 – 두렵지 않은 사랑 – 둠바둠바 – 들꽃 – 떠나가는 배 – 떠나지 마 – 마지막 편지 – 말해주지 그랬어 – 멀어지는 너 – 무상초 – 문 밖에 있는 그대 – 묻어버린 아픔 – 물고기자리 – 미로 – 미련한 사랑 – 밤의 길목에서 – 밤의 플랫트홈 – 배반의 장미 – 보고싶어 – 부디부디 – 부르지 마 – 부족한 사랑 – 비가 – 비련 – 비몽 – 비연 – 비와 외로움 – 사랑 그리고 이별 – 사랑은

행복은 성적순이 아니다

• 불빛 궁전

아프지 않아도 눈물이 난다 – 사랑을 잃어버린 나 – 사랑의 기도 – 사
랑하는 사람에게 – 사랑 한줌을 편지로 보내며 – 사랑할 수 없는 그대
– 새보다 자유로워라 – 슬퍼하지 마 – 슬픈 사랑 – 쓸쓸한 연가 – 아
득히 먼 곳 – 아쉬운 이별 – 아직도 못다한 사랑 – 아침같은 사랑 – 암
연 – 애니아 – 애수 – 애원 – 야상곡 – 양화대교 – 어제 – 여인 – 여정
– 연인 – 영원한 사랑인 줄 알았는데 – 와우정사 – 유리창엔 비 – 우
리 사랑 이대로 – 이룰 수 없는 사랑 – 이 마음 모를 거야 – 이별노래 –
인연 – 일생동안 – 잃어버린 추억 – 작은 사랑 – 잔혹 – 장난감 병정 –
존재의 이유 – 좋은 사람 만나요 – 창가에 – 천년의 사랑 – 천상재회 –
추억 – 카사비앙카 – 하늘아 – 하늘 끝에서 흘린 눈물 – 하루 – 해후
– 행복하자 – 헤어진 다음날 – 혼자만의 사랑 – 혼자가 아니야 – 혼자
서 울고 있어요 – 홀로 가는 길 – 홀로 된다는 것 – 9월에 떠난 사랑 –
12시가 – Stay With Me – The Salley Gardens – Y Bobby

감성적인 노래는 본인을 동화시킨다. 즉, 노래는 본인을 현실이 아닌
감상에 빠뜨린다. 현실적일 수밖에 없는 생활에서 잠시 벗어나 노래로써
그동안 가질 수 없었던 감상에 젖어 보자. 노래에 동화되어 자신을 잠시
잊은 채 행복해 보자.

저자가 노래를 불러보자는 것은 어려운 일을 잠시나마 잊고 그때나
마 행복한 시간을 가져 보자는 것이지, 노래를 불러 어려운 일을 모두 잊
어버리자는 것은 아니다. 꿈을 향해 가면서 그때그때 원하는 것을 하며

흐뭇한 마음을 갖는 것이 행복이다.

'행복'이란 타인을 생각하면서 자기 뜻대로 되는 것에 대해 만족하는 것이다. 그래서 살면서 얼마만큼 만족하고 지냈는지가 행복의 척도이며, 저자는 큰 집에 기거하더라도 만족 못 하고 불평이 많다면, 차라리 불평 없이 지내는 거지가 더 행복하다고 생각한다. 행복은 여건에 맞게 생활하는 것을 말하는 것이지, 자신의 만족을 위해 타인의 만족을 무시하는 것은 행복이 아니다. 즉, 타인도 만족하고 본인도 만족하는 것이 진정한 행복이지, 타인은 불만인데 자신만 만족하는 것은 행복이 아니다.

행복을 향하는 길목에서

앞으로의 행복을 위해 인생은 준비하다가 끝난다. 어릴 땐 대학 입학 준비를, 대학 들어가선 취업 준비를, 취직하고선 결혼 준비를, 결혼하고서는 내 집 마련 및 자녀 교육 준비를, 자녀가 어느 정도 큰 다음에는 노후 준비를 한다. 이렇게 준비하다 보면 늙어 기력이 쇠하게 되어 죽음을 준비하게 된다. 결국, 죽음을 향해 달려가느라 살아 있는 지금의 기쁨을 만끽하지 못한다면 안타까운 일이다. SNS에 떠도는 잡스의 마지막 말처럼 지금 이 순간 주위 사람들과 함께 사랑의 기억을 많이 만드는 것, 그것이 죽음의 병상을 풍요롭게 할 것이다.

준비하는 것은 내일의 행복을 위해서 준비하는 것이다. 준비하는 과정에서 제일 힘들다고 할 수 있는 것은 대학 입학을 위한 시험준비·취업준비·결혼준비·내 집 마련 및 자녀 교육 준비·노후 준비로 대별될 수 있다.

그중 이 책은 대학 입학을 위한 시험준비에 대해서 말하고 있으므로 대학수학능력에 대해서 말하고자 한다. 자격없는 저자가 수능의 시비에 대해 말하는 것이 아니고 수능을 준비하는 수험생들의 정신적인 부담감 등을 말하는 것임을 알기 바란다.

어느 신문이 보도한 내용을 보면, 일반고 학생들에게 유리하게 정부가 '쉬운 수능' 정책을 펴고 있지만, 수능에서 강세를 보이는 학교는 여전히 ○○○사립고(○○고), ○○○고, ○○고, 서울 ○○ 지역 고교 등인 것으로 나타났다. 이는 본지가 수능 시험을 관장하는 ○○○○○○○○○에서 '2015학년도 수능을 치른 수험생 ○○만 명의 점수와 고교별 성적 자료'를 입수해 국어·수학·영어 3개 영역 평균 1·2등급을 받은 수험생의 성적을 분석한 결과다. 수능은 전체 응시생을 성적순으로 1~9등급으로 나누며, 1·2등급은 상위 11%에 해당하는 학생이다. 따라서 수능 1·2등급 비율은 해당 고교에 상위권 학생들이 얼마나 많은가를 보여준다. 고교별 성적을 산출할 때는 재수생을 제외하고, 재학생 성적만 분류했다. '재수 효과' 거품을 걷어내고 학교별 성적을 알아보기 위해서다. 그 결과 작년 수능에서 상위권 학생 비율이 가장 높았던 학교는 서울 ○○○고였다. 이어 공주 ○○고, 용인○○○○○고, ○○○○고 순으로 상위권 비율이 높았다. 상위 10개 고교 중 일반고로 2개교(○○고, ○○○○고)가 포함됐지만, 이 두 학교는 모두 전국 단위에서 학생을 선발하는 ○○○○ 학교다. 수능 상위권 고교 50개를 분석한 결과 ○○고와 ○○고가 42개로, 전년도(39개교)보다 3개교가 늘어난 것으로 나타났다. 쉬운 수능 체제에서 전반적으로 ○○고, ○○고 학생들의 성적이 더 향상된 것이다. 서울의 한 사립대 교수는 "쉬운 수능의 취지는 문제를 쉽게 출제해 사교육 의존도를 줄이고 일반고에 유리하게 하겠다는 것"이라면서 "하지만 수능이 쉽게 나올수록 '실수 안 하기 경쟁'이 이루어지고 결국 '맞춤형 사교육'을 잘 받은 학생들이 입시에서 유리했던 것으로 보인다"고 말했다.

동 내용은 행복에 대한 것은 아니지만, 수능에 대한 것으로 '쉬운 수능'으로 학생들에게 시험보다는 행복한 시간을 갖게 하자는 것으로 이해된다. 저자가 계속 말하지만, 시험성적이 행복성적은 아니므로 변별력은 인성에서 확인되도록 조치하고 쉬운 수능으로 학생들이 행복한 시간을 갖게 해야 할 것이다. 쉬운 수능임에도 정상적인 학생에게 사교육이 필요할까? 최근 '수능이 아닌 내 꿈을 보겠다.'는 학생들이 증가하고 있다.

메이크업 아티스트를 꿈꾸는 어떤 학생은 수능일 수능시험장이 아닌 한 미용학원으로 갔다. 친구들이 수능시험을 치르고 있을 때 이 학생은 네일아트를 실습하였다. 네일아트 국가 자격증 시험 준비를 위해서는 학원에 나가 실습훈련을 하여야 한다. 이 학생은 1학년 때 메이크업 아티스트로 진로를 결정하고, 수능을 보지 않기로 결심한 것이다. 이 학생은 미용 분야에서는 대학을 가지 않아도 열심히만 한다면 얼마든지 성공할 수 있으리라고 생각했으며, "대학도 안 가고 어떻게 사회생활을 할 것이냐?"는 어른들의 쓴소리가 오히려 오기를 불렀다. 다른 친구들은 수능을 치르겠지만, 이 학생에게는 자격증 시험일이 수능일과 다름없다. 사람들을 아름답게 꾸며주는 일을 자기 이름으로 된 뷰티샵에서 하고 싶은 게 이 학생의 꿈이다.

또 어떤 학생도 수능일에 교재·동영상 개발 업체에서 지냈다. 이 학생은 직장인으로, 수능일에 교육 교재를 만드는 등 밀린 업무를 처리하였다. 이 학생은 15살 때 다니던 중학교에 매점이 없어 당시 자본금 5,000원으로 친구들에게 간식거리를 팔기 시작한 이후 장사에 흥미를 느껴 쇼핑몰 등을 하면서 경험을 쌓았다. 지금은 사교육업체에서 근무하며 사업 아이템을 구상하고 있지만, 이 학생은 사교육업계에서 최고의 CEO가 되고 싶으며 "수능이 인생의 필수는 아니다."라고 말한다.

초등학교 4학년 때부터 요리사를 꿈꾼 어떤 학생은 친구들과는 다른 길을 간다는 것에 대해 불안한 마음도 들었지만, 대학 진학보다는 현장에서 경력을 쌓는 것이 낫다는 생각에 대학에 진학하지 않기로 하고 수능시험장에 가지 않았다.

이처럼 수험생들이 수능시험장으로 향할 때 '수능을 보지 않고 내 꿈을 보겠다'는 마음으로 각기 다른 삶의 현장으로 향하는 고등학교 3학년 학생들이 있다. 이 학생들은 '고등학교 졸업-수능시험-대학입학'이라는 사회의 정해진 코스를 거부하는 셈이다.

수능을 준비하는 어느 학원 대표는 2020학년도 수능을 보는 학생들은 사실상 재수가 불가능해지는 만큼 수능 시험에서 공포를 느낄 수 있을 것으로 생각하고 있다. 학생들이 수능 시험에서 공포를 느끼게 되는 것은 행복이 아니다. 또 난이도를 예측할 수 없는 수능은 수험생에겐 부담스러운 것이다.

행복하고 사교육비를 줄이는 교육이 되기 위해서는 제도 변경으로 공포심을 느끼게 한다든지 '어려운 수능'으로 부담스러운 수능이 되게 하는 것이 아닌 '쉬운 수능'으로 학생들이 시험성적에 대해 부담감을 가지지 않도록 장기적이고 교육적 견지에서 입시 정책을 마련해야 할 것이다. 미국은 수능에 해당하는 SAT나 ACT의 시험 체제를 바꾼 적이 없음에도 우리나라는 입시 제도를 바꾸어 학생들이 시험성적에 대해 부담감을 가지게 하여서는 안 된다.

○○부가 발표한 '2016학년도 대학수학능력시험 응시원서 접수 결과'를 보면, 2016년도 수능 응시자 수는 전년 대비 1.5% 감소했으며, ○○○○○○○이 내놓은 '2015년 교육기본통계발표'를 보면 고등학교 졸업자의 취업률은 34.3%로 전년 대비 0.8%포인트 상승했다. 특히 취업률은 2012년에 29.3%로 전년 대비 6%포인트 대폭 상승한 이래 지속해서 오르고 있다.

어느 교수는 "대학 교육에서 투자 대비 얻을 수 있는 이익이 적으니 자연스럽게 생긴 경향이다. 하지만 자발적으로 대학에 진학하지 않는다는 것을 이해하지 못하고 대학 진학을 강요하는 신경증적인 현상이 사회에 여전히 존재한다."고 말하고 또 어느 교수는 "직장에서 경력을 쌓고 자신이 실제 필요할 때 대학에 진학하는 것이 바람직하다. '남이 가니까 나도 가겠다.'는 식의 '묻지마 대학 진학'은 사회적으로도 손실이 크다."고 지적했다.

2015년 중고등학생의 학업성취도 평가 결과 전반적으로 떨어진 것으로 나타났다. 공부 잘하는 학생들의 비율이 감소했다는 뜻이기도 하지만, 또 대도시와 도농 간의 학력 격차도 더 벌어진 것으로 나타난 것이다. ○○부와 ○○○○○○○○은 이런 내용의 '2015년 국가수준 학업성취도 평가 결과'를 발표했다.

저자는 공부 잘하고 못하고보다는 학생들이 행복하게 생활한 것인지를 평가하는 것이 더 중요하다고 본다. 위의 대도시와 도농 간의 평가 결과만 본다면, 대도시 지역의 학생들은 행복하고 도농 지역의 학생들은 불행한 것처럼 보인다. 과연 그럴까? 거꾸로 평가된 것 같다. 성적으로 행복을 평가하는 것은 잘못된 것이다.

2016학년도 대학수학능력시험에서 탐구영역의 만점자 표준점수 편차가 심해 이른바 '로또수능'이라는 평가를 받고 있다

어느 학원 입시평가실장은 "올해 탐구영역은 어떤 과목을 선택했느냐에 따라 성적 차이가 너무 많이 나다 보니 학생들 사이에서는 로또 수능이 부활했다는 이야기가 나오고 있다."고 말했다. 수능이 대학입학이 로또가 되어서는 안 된다.

마찬가지로 유치원에 들어가는 것도 로또가 되게 하여서는 안 된다. 자녀를 유치원에 들어가게 하려고 엄마들이 이리 뛰고 저리 뛰고 있다. 유치원 들어가는 것과 대학수학능력시험 대학입학이 전부 로또인가? 공부보다는 어릴 때부터 복권당첨을 전문적으로 연구하는 것이 더 빠를 것 같다?

서울 지역 공립유치원 추첨 날. 서울 강서구에 위치한 한 공립유치원 4층 강당은 추첨 대기자들로 발 디딜 틈이 없었다. 대기자들 틈바구니 속에서는 "짜증 나.", "힘들어."라는 소리가 계속 들려왔다. 이날 오후 2시 근처 병설 유치원 추첨에서 탈락한 부모들이 정신없이 뛰어와 또 다른 추첨을 위해 대기한 탓이다. ……(중략)…… 이날 만 3살 반 일반 원아 28명을 뽑는 이 유치원에는 접수자가 314명이었다. 우선순위 대상자 8명을 제외하면 만 3살 반 스무 자리를 놓고 300여 명의 아이들이 추첨 경쟁을 해야 했다. 15:1이 넘는 경쟁률이다. 추첨은 30여 분 만에 끝났는데, 이날 추첨장은 추첨된 사람의 환호성과 탈락자의 한숨이 뒤섞이면서 마치 대학 합격자 발표날과 비슷한 분위기가 연출됐다. ……(중략)…… 손자의 유치원 입소 추첨을 위해 왔다는 전장현(69·서울 강서구) 씨는 추첨장을 나가면서 "이건 말도 안 돼. 어이가 없어."라고 말하며 고개를 계속 저었다. 전 씨는 "정부가 애 낳으라 말만 하고 이렇게 유치원조차 들어가기 힘들게 하면 누가 아이를 낳고 싶겠냐."고 화를 냈다. 추첨 탈락자인 윤아무개(40) 씨도 "내년에 딸을 사립유치원에 보내야 하는

데 비용 차이가 30만~50만 원이나 된다."며 "공립유치원은 엄마들 사이에서 로또라 불린다."고 말했다. 집에서 차로 20~25분 걸리는 구립어린이집에 아이를 보내고 있는 송아무개(45)씨는 추첨에서 떨어졌지만 대기 9번이다. 송 씨는 "교육의 질과 관리·감독 측면, 비용 모든 측면에서 구립어린이집 또는 공립유치원이 낫다."며 "아이만 낳으라고 하지 말고 공보육 체계를 잘 세웠으면 좋겠다."고 말했다. ……(중략)…… '바늘구멍'인 공립유치원 입소 문제로 부모들이 이렇게 애를 태우는데, 정작 정부는 신도시 공립유치원의 수용률을 줄이는 정책을 내놔 비판의 도마 위에 오르고 있다. 교육부는 지난 9월 16일 도시개발이나 택지개발사업으로 인구가 유입돼 초등학교를 신설할 때 공립유치원의 유아 수용 기준을 기존 초등학교 정원의 4분의 1에서 8분의 1로 낮추는 '유아교육법 시행령 개정안'을 입법 예고했다. 이렇게 되면 상대적으로 규모가 작은 병설 유치원이 늘어나고 유아교육 전공자가 원장을 맡고 유아에게 최적화된 시스템을 갖춘 단설 유치원 설립은 어려워질 수 있다. 신상인 한국국공립유치원교원연합회 ○○은 "개정안은 공립유치원의 확대를 원하는 학부모들의 요구를 전혀 반영하지 않은 것."이라며 "정부는 개정안을 철회해야 한다."고 주장했다. ……(중략)…… ○○부는 이에 대해 "공립유치원 설립 수용 기준이 낮아져도 교육감의 재량으로 수용 인원 기준을 늘릴 수 있어 반드시 공립유치원의 축소로는 볼 수 없다."며 "다양한 의견 수렴을 통해 최종적인 정책 결정을 하겠다."고 밝혔다.

대학 진학은 직장(취업)과 연관된다. 현재 대학을 졸업하고 구직활동
을 계속하여도 번번이 취업에 실패하는 경우가 많다. 이는 그동안 블루
칼라가 아닌 화이트칼라가 되기 위해서 학습한 사람이 너무 많기 때문이
다. 인문계통의 성적 위주 교육이 아닌 실업계통의 기술교육이 살면 행복
해진다. 우리나라는 원자재의 생산이 아닌 기술력이 중요시되어야 하는
나라이다. 따라서 우리나라는 기술과 관련된 문제를 해결할 수 있는 사
람이 우대되어야 하는 나라이다.

그러면 우리나라가 기술과 관련된 문제를 해결할 수 있는 사람이 우
대되는지 생각해 보자. 우리나라 사람들은 화이트칼라를 좋아하는 사람
들이라고 생각하는 것은 잘못된 생각이다. 화이트칼라를 좋아하는 것같
이 보이는 것은 그러한 환경을 만들었기 때문이지 남녀의 성별 균형이 자
연적으로 이루어지듯이 블루칼라나 화이트칼라의 균형은 자연적으로

이루어져 있다. 화이트칼라의 직업만을 좋아하게 만드는 것은 과학 등 기술을 좋아하는 사람에게는 좋아하지 않는 직업을 선택하게 하는 것이나. 이것이 행복일까?

그리고 문제를 해결하는 사람과 해결하지 못한 사람 중에 여러분은 어떤 사람을 더 신뢰하고 싶은가? 과거에 문제를 성공적으로 해결한 사람들은 새로운 위협이 닥쳐도 위기감을 덜 느끼듯이 역경을 극복할 수 있는 힘은 경험에서 나온다.

이슈화되는 '일자리 창출'과 같은 일이 발생하게 된 원인은 교육에 기인한다. 지방에는 일자리가 많음에도 일할 사람이 부족하여 외국인이 취업하고 도시에는 대학졸업자도 취업하지 못하고 놀고 있는 기이한 실정이 되게 한 것은 올바른 '사고思考'가 교육되지 않았기 때문이다.

지방과 도시 전부 우리나라임을 인지해야 하며 지방과 도시 연·노를 총하면 일자리가 창출되지 않아도 될 인구임에도, 일자리가 모자란다는 것은 그동안 성적 위주의 교육에 기인하여 젊은이들이 서울 등 대도시에 집결되었기 때문으로 보인다.

○○청이 반포한 '2014년 임금근로일자리 행정통계'에 따르면, 지난해 임금근로일자리는 모든 연령대에서 증가했지만, 특히 50~60대의 증가율이 높게 나타났다. 즉, 지난해 50대, 60세 이상 임금근로일자리가 20·30대 청년 일자리보다 훨씬 많이 늘어난 것이다.

임금근로일자리는 기업체에서 현물 또는 현금을 받고 상품 생산이나 서비스 활동을 하는 근로자의 일자리를 말하며, 4대 보험을 받고 근로소득신고를 받은 사람 등 일부 안정적인 비정규직도 포함된다.

이 자료에 의하면, 60세 이상의 일자리는 지난해보다 10.3%가 증가하였고 50대의 일자리도 6.4%가 증가하였으나 20대 일자리는 2.0% 증가하는 데 그쳤다. 젊은이들의 일자리 증가로 젊은 우리나라가 되게 해야 할 것이다.

• 학교 전경

고향의 어느 초등학교를 보고 학교는 아주 깨끗하고 좋은데 학생들이 줄어든다는 말에 저자는 놀랐다. 새삼스러운 것은 아니지만, 초등학생이 줄어든다는 것은 젊은이들이 줄어들기 때문이다. 이를 다시 말하면이는 젊은 우리나라가 되지 못하고 늙은 우리나라가 될 것을 예고하는것이다. 그에 대한 대책으로 출산을 장려하고 있지만, 근본적인 대책이되지 못하고 있다. 그에 대한 대책으로 누구나 꿈과 희망을 실천할 수 있는 행복한 사회가 되도록 해야 할 것이다. 행복하지 않을 줄 알면서 출산한다는 것은 자식을 사랑하는 것이 아니다. 출산을 장려(돈 등)하기보다는 꿈과 희망이 실천되는 행복한 나라가 되게 하여 지방에 있는 초등학교의 학생 수가 줄어들게 하여서는 안 된다.

지난 여름 전파를 탄 한 건설회사의 TV 광고를 보면, 한복을 차려입은 여성이 결혼식장에서 웃으며 손뼉을 치는 장면으로 보채는 손자를 등에 업은 채 허겁지겁 끼니를 때우고 손자에게 부채질하는 할머니와 엄마의 모습을 보여준 광고가 있었다. 자식 농사를 끝낸 지 얼마 안 된 할머니가 손주 농사까지 떠안는 시대상을 반영한 광고였다. 이 광고를 보면 '자식 농사'를 끝내자 말자 '자식의 자식 농사'를 시작한 서글픈 노년을 생각하게 한다. 아래에 보도된 내용을 소개한다.

서울 김모(68·여) 씨는 퇴행성 관절염에 시달리고 있다. 육아휴직이 끝나고 맞벌이에 나선 딸 대신 두 살배기 손녀를 돌보느라 관절염이 악화됐다. 김 씨는 "손녀를 보면 피로가 가시지만, 나이가 드니 몸이 따라주지 않아 처음에는 손녀를 돌보는 것에 손사래를 쳤다."면서도 "하지만 딸이 아이를 믿고 맡길 곳이 없다고 하소연해 어쩔 수 없이 손녀를 돌보고 있다."고 말했다.
친정이나 시댁에 아이를 맡기는 맞벌이 부부는 3년 전 맞벌이 부부 전체의 절반에 달했다. 2012년 ○○총리실 산하 ○○○○연구소가 만 0~

5세 영·유아를 둔 2,528가구를 대상으로 실시한 전국보육실태조사에 따르면, 이 중 맞벌이 가구는 37.1%였으며 조부모가 양육을 돕는 맞벌이 가구 비율은 만 0~2세 영아와 만 3~5세 유아의 경우 각각 54.5%, 44.9%였다. 당시 맞벌이 가구를 포함해 1,133가구(45.0%)가 "혈연으로부터 양육 지원을 받는다."고 했다.

보모가 된 조부모들은 황혼기에 여유를 즐기기는커녕 쉬지도 못하는 가사노동에 시달린다. ○○○○○○연구원에 따르면 2012년 기준 60세 이상 여성은 평균 1.34명의 손주를 하루 8.86시간, 일주일에 5.33일 돌봤다. 일주일에 법정 근로시간인 주당 40시간을 초과하는 47.2시간을 돌보미로 일한 셈이다.

노년기에 육아 전선에 뛰어들었다가 골병이 드는, 일명 '손주병'을 앓는 조부모들도 적지 않다. 손주병은 ○○국어원이 2012년 꼽은 신조어로, 조부모가 맞벌이하는 자녀 대신에 손주를 돌봐주다 생기는 질병을 뜻한다. 퇴행성 관절염을 비롯해 허리 디스크와 손목 통증, 대사증후군, 불면증이 대표적이다.

조부모들의 손주 돌보기 현상은 개별 가정의 문제라기보다는 부부가 맞벌이를 해야 생활이 가능한 경제적 문제이자 맞벌이 부부를 지원하는 복지부실의 문제이다.

○○ ○○○대 아동가족학 명예교수도 "국공립 어린이집 확충 약속이 제대로 지켜지고 있지 않다."며 "정부는 질 좋은 국공립 어린이집을 확충해 일·가정 양립이 가능하게 해야 한다."고 목소리를 높였다.

죽어라 자식 뒷바라지해서 공부시켜 장가보내니 이젠 며느리가 애기만 낳고 직장에 다닌다고 나가 저녁에는 늦게 들어오고 토·일요일은 어디 긴데고 끄고, 60줄 넘은 할머니들이 몇 년 좀 편히 쉬려고 하니 첫째 손주 키우고 좀 쉴 만하니 둘째 손주 키우고, 자식들은 자식들이 쉽게 자라니깐 편하겠지만, 노모 골병드는 거 알런지?

일자리와 관련하여 다시 말하면, 미국 일본 등의 선진국 시장을 겨냥해서 인력수요가 많고 진출이 상대적으로 쉬운 정보기술(IT) 치기공 직종 등을 중심으로, 특수기술이나 기능 분야의 인력 수요가 큰 호주에는 업종별 단체와 업무협력(MOU)을 통한 취업을, 신흥국에 취업하는 청년에게는 해외취업 성공장려금을 올리기로 하는 등 정부가 국가별·직종별로 차별화된 전략을 세워 청년들의 해외취업을 지원한다고 밝혔다.

그러나 정부는 우리나라 사람들의 행복을 간과하고 있다. 우선 우리나라 사람이 선진국에 취업한다면 업무처리 과정에서 얼마나 행복하게 될 것인지를 생각해야 한다. 다음에 호주 등 다른 신흥국에 취업하는 것은 자신이 좋아하는 일을 하는 것이 아니다. 그럴 바에야 국내 기업에 취직할 수 있음에도 해외에 취업한다는 것이 이해되지 않으며 또 우리나라 교육은 기술을 교육한 것이 아니고 중간관리자를 교육한 것이므로 해외기술자들에게 무시당할 수 있다. 정부는 행복한 삶이 무엇인지 배려하여 젊은이들이 취직할 수 있게 하여야 할 것이다.

50세 이상 장·노년층이 10~30대 청년층보다 취업자가 더 많다. 젊은

층은 놀고 장·노년층은 일하고?

○○청이 발표한 고용동향조사에 따르면 지난 3분기 50세 이상 취업자는 15세 이상 취업자 총 2,623만 7,000명 중 988만 6,000명으로 집계됐다. 반면 39세 이하 취업자는 967만1,000명에 달했다. 구간을 세분화하면 장·노년층 취업자는 50대가 603만 6,000명, 60대 이상이 385만 명으로 각각 30대(568만 1,000명), 20대(373만 2,000명) 취업자보다 수가 많았다.

장·노년층의 경제활동인구가 처음으로 1,000만 명을 넘어선 것도 눈에 띄는 부분이었다. 경제활동인구는 취업자와 실업자를 합한 것으로 지난 3분기 경제활동인구는 총 2,716만6,000명이었다. 이중 장·노년층은 1,011만 명으로 지난해 같은 기간(975만 3,000명)보다 3.7%나 늘어난 수치를 보였다.

같은 기간 청년층 경제활동인구는 장·노년층보다 많은 1,021만 7,000명이었지만 작년 동기(1,023만 4,000명)보다 0.2% 줄었다. 최근 경제활동인구 중 장·노년층이 늘어나는 대신 청년층이 적어지는 흐름이 이어진 것. 2005년 3분기 경제활동인구는 장·노년층이 628만 2,000명, 청년층이 1,112만 1,000명으로 두 배 가까이 차이가 났다. 전체에서 차지하는 비중은 각각 26.3%, 46.5%였다. 그러나 올해 3분기에는 장·노년층이 37.2%, 청년층이 37.6%로 거의 비슷해졌다.

전문가들은 고용시장의 연령별 점유율이 급격히 변하는 이유로 인구구

조의 변화를 우선으로 꼽는다. 1955년부터 1963년생인 베이비붐 세대가 전부 50대에 진입하면서 50대가 크게 늘어났지만 1980~1990년대 저출산 기조의 영향으로 청년층이 크게 줄어들었다는 것이다.

이에 대해 ○○○○연구원 경제동향분석실장은 "자녀들을 뒷바라지하다가 노후 준비를 못한 베이비붐 세대가 은퇴를 한 후에도 일자리를 구해야만 하는 상황"이라며 "자녀들은 취업이 안돼 취업 기간을 계속 늘리고 있다."고 안타까움을 드러냈다.

이어 "문제는 정규직과 비정규직으로 양분된 일자리 구조다"며 "장·노년층에게도 경력을 활용할 수 있는 일자리가, 청년들에게는 양질의 일자리를 얻을 수 있도록 하는 사다리 형태의 일자리라도 있어야 한다."고 말했다. 또 "자식을 대학까지 뒷바라지하다가 노후 준비를 못한 베이비붐 세대가 일을 계속해야 하는 상황이 된 것"이라면서 "경기가 좋지 않아 청년 취업이 안 된다는 측면도 있다."고 분석했다.

고용시장의 연령별 점유율이 급변한 것은 '베이비붐 세대'가 모두 50대에 진입한 영향도 크지만, 저출산으로 청년층은 줄고 고령화로 노년층 인구가 늘어난 탓이기도 하다.

50대 이상의 장·노년층이 30대 이하 청년층을 앞지르며 노동 인구의 무게중심이 30대 이하에서 50대 이상으로 옮겨 가는 셈이며, 이는 저출산 고령화 사회의 한 단면을 보여 주는 것이다. 젊은 우리나라가 아닌 늙어가는 우리나라가 되게 하여서는 안 된다. 저출산 등 현재의 모든 문제점은 행복을 제대로 알지 못해서 발생하게 되는 것이므로 말만 하지 말고 행복을 제대로 알고 실천하자.

<2015년 중소기업청 창업지원 자금 비중>

주요대상(예산)	분류	프로그램
청년, 대학생(5800억원)	아이디어, 기술창업	청년창업사관학교 등 11개
	창업저변 확대	창업인턴제, 모태펀드 등 11개
	지식서비스 창업	ICT 기반 개발 4개
창업기업(1600억원)	기술개발자금 지원	창업성장기술개발 1개

출처: SPRI

소프트웨어(SW) 스타트업 10곳 중 6곳이 문을 닫고 있다. 청년 창업이 늘었지만 기술과 경험, 자금 부족이 치명적 약점이다. 대기업과 대학 등 기술지원은 물론 경험을 축적한 경력개발자 창업 지원 확대가 요구된다. ……(중략)…… 상당수가 기술, 사업에 깊은 이해보다는 단순 아이디어로 사업을 시작한다. 사업화하는 것도 어렵지만 쉽게 경쟁사에 노출된다. 정부 역시 창업비용 지원에만 집중한다. 창업자 수만 늘린다는 비판이 따른다. 벤처투자업계 관계자는 "정부 지원으로 대학생이나 청년이 창업을 시도하지만 대부분 아이디어에 치중됐다."며 "정부가 단순 자금 지원 같은 양적.투자에 집중하다 보니 어린 창업자를 위한 컨설팅, 실패 관리 등에는 소홀하다."고 지적했다. 전문가들은 창업정책 사각지대에 있는 SW 경력자를 활용할 필요가 있다고 조언한다.

– ○○신문

일일생활권인 우리나라에서 어디에서나 자신이 좋아하는 일을 할 수 있는 곳이 행복한 곳이지 어느 지역은 자신이 좋아하는 일을 할 수 있고 어느 지역은 자신이 좋아하는 일을 할 수 없어서 행복을 원하는 사람이 자신이 좋아하는 일을 할 수 있는 곳으로 찾아가게 하는 지역 간의 불균형은 행복한 나라라고 할 수 없다.

의료와 관련하여 자식이 있는 의사만을 예로 든다면, 자식을 훌륭하게 교육시킬 학교가 있는 지역의 병원에 근무하려고 할 것인지 아니면 우수한 학교가 없는 지역에 소재한 병원일지라도 동 병원에 근무하려고 할 것인지를 생각해 보면 알 수 있다.

행복은 자신만의 만족이 아닌 타인의 만족도 배려되어야 함을 명심해야 한다. 따라서 이 의사의 경우 자신과 자식이 만족할 수 있는지 판단해야 할 것이므로, 우수한 학교가 없는 지역에서 자식을 훌륭하게 교육시킬 수 없으므로 자신은 만족할 수 없게 될 것이며, 자식도 살던 곳(학교)을 떠나 새로운 곳(학교)에 산다는 것은 탐탁한 일이 아닐 것으로 보인다. 결론적으로 의사는 우수한 학교가 없는 지역에 소재한 병원에 근무하는 것이 행복한 근무지라고 생각하지 않게 된다.

이처럼 지역 간 분균형하된 행복으로 인해 자신이 행복을 찾아 헤매는 현상이 발생하게 된다. 여기서 정부는 행복을 제대로 판단해야 한다. 행복은 정부가 만드는 것이 아니고 본인(개인)이 마음속에서 만드는 것이다. 물론 편의시설이나 홍보 등으로 행복한 곳이 될 수 있게 노력한다고 하지만 우선되어야 할 것은 자신(가족 포함)이 행복한 곳이라고 판단할 수 있을지를 먼저 생각해야 할 것이다. 금요일에 도로가 정체되는 등 가족이 불편을 감수하게 하는 것은 행복을 위한 방법이 아니다. 금요일에 도로가 정체되는 이유는 행복한 생활을 위해서이다.

우리나라에 결혼하지 않는 싱글족이 늘어 결국 저출산의 원인이 되고 있다. 즉 결혼은 취업이나 경제적 안정 이후의 일로 밀려난 것이다.

출산율을 지금의 1.2명에서 5년 뒤에 1.5명으로 높인다는 게 정부의 목표이긴 하지만, 목표대로라면 5년간은 저출산하여도 좋다고 판단하는 것인지, 늙은 우리나라가 되게 하는 저출산을 좀 더 심각하게 생각해야 할 것이다.

행복한 생활을 위해 금요일에 도로가 정체될 바에야 외롭더라도 애완견이나 콩나물을 키우면서 가족 없는 라이프가 더 나은 생활일지도 모르겠다. 그래서 요즘 애완견이 더 많아졌나? 이는 타인을 배려하지 않아도 되는 혼자만의 만족이 더 좋기 때문에 독신 남녀와 1인 가정이 늘어나는 현 세태를 반영하는 것이다. 진정한 행복은 경쟁 없는 혼자만의 만족이 아니고 타인도 배려하는 만족이므로, 누구나 행복할 수 있는 사회가 되도록 노력해야 한다.

행복은 성적이 전부가 아니고 자신이 원하는 것을 하는 것이 행복임을 알게 하여야 한다. 위의 경우 입시(성적)를 우선시하는 현 사회 구조상으로 볼 때 우수한 학교란 입시성적이 좋은 학교를 말하는 것이다. 그러나 저자가 말하는 것은 성적이 아닌 인성이 좋은 학교를 우수한 학교로 칭하는 사회가 되어야 한다는 것이다. 즉, 우수한 학교란 부모와 소통하면서 자유롭게 지낼 수 있는 학교여야지, 성적에 대한 부담감으로 부모와 소통할 시간도 없는 학교가 우수한 학교가 되어서는 안 된다는 것이다.

성적이 우수하면 우수인력으로 평하는 것은 타당하지 않다. 물론 여러 면에서 평하겠지만 성장환경 등은 검토하지 않고 성적순으로만 해당자의 능력을 평하는 것은 잘못이다. 열 길 물속은 알아도 한 길 사람 속은 알 수 없다는 말을 알아야 한다.

부모의 주요 관심사는 자식 교육에 대한 것이다. 따라서 학교가 자식들의 취미와 특기를 개발하여 평가하고 이러한 학교를 우수한 학교로 평하는 사회가 되도록 해야 한다. 여러 사람과 어울려 경쟁하면서 살기를 원하는 사람은 도시에 살고 자연을 벗 삼아 살기를 원하는 사람은 농촌에 살아도 어디에서나 자신이 원하는 것을 할 수 있는 사회가 된다면 도·농 간 격차는 없어지게 될 것이다. 행복이란 자신의 마음속에서 만드는 것이지 인위적(인공적)으로 만드는 것이 아니다.

성적은 행복이 아니므로 성적으로 우수학교로 평하는 현 사회시스템을 바꾸어야 한다. 즉, 출세(높은 지위나 신분에 오르는 것)를, 행복(돈과 권력이 아닌 자신이 원하는 것을 하는 것)을 성취한 사람은 말하는 사회로 바꾸어야 한다. 좀 이상적인가? 이는 '출세'와 '우수학교'를 잘못 알고 있는 것 같은 현 사회시스템을 '출세'와 '우수학교'의 개념을 제대로 알고 사용하여 행복이 실천되게 하자는 것이므로, 이상적인 내용일 수는 없다.

일자리가 모자란다(?)는 우리나라의 실정과 달리 영미권에서는 로봇의 등장으로 향후 20여 년간 약 1억 개의 일자리가 사라질 위험에 처해 있다.

○○○ 수석 이코노미스트에 따르면 영국의 경우 현재 일자리 수인 3,300만 개의 절반쯤인 약 1,500만 개의 일자리가 로봇에 자리를 내줄 위험에 처해 있다는 것이며, 또 미국은 약 8,000만 개의 일자리가 자동화될 수 있다고 말했다. 우리나라는 일자리 창출이 아닌 로봇의 등장으로 생길 일자리 축소에 대비하여 미래에도 국민이 행복한 생활을 할 수 있도록 해야 할 것이다.

21세기에는 기계들이 인간의 육체적 노동은 물론 인지적 노동까지 대신할 수 있고 점점 더 영리해짐에 따라서 기계가 인간의 기술을 대신하게 되어 일자리가 자동화될 위험성이 과거보다 더 커졌음을 우리는 간과하여서는 안 된다.

제1차 산업혁명과 제2차 산업혁명 발발 당시에도 일자리의 감소 등이 발생했으며, 실제로 18세기 중반 제임스 ○○○○○가 발명한 '기계 물레'인 제니 방적기는 기존보다 실 생산을 8배 늘리며 세상을 바꾼 발명품으로 꼽히지만, 이로 인해 일자리를 잃게 된 방직공들에겐 '악마의 기계'였다.

기술이 발달할수록 인간의 기술 영역들은 축소될 가능성이 많게 되어 현재 주요국에서 임금 인상에 억눌리는 이유가 작업장 자동화 확대 때문일지도 모르며, 또 영국의 물가상승률이 관리 목표인 2%에 계속하여 미치지 못하는 이유도 바로 이 같은 원인에서 비롯됐을 가능성도 있다.

기술발달과 관련하여, 미국은 로봇을 개발하여 의료·재활·보안 등 시장에서 상용화할 것을 목표로 실리콘밸리에서 창업할 것을 권장하고 일본은 사람에게 관심을 표현하고 중국어·일본어·영어 등 3개 국어로 사람과 간단한 대화가 가능한 로봇을 상용화하고 중국은 드론을 생산하고 운전자 없는 자동차가 생산되고 있는 실정임에도, 로봇산업을 미래 성장 동력으로 키우겠다고 발표한 우리나라는 대표기업도 없는 실정이다.

로봇이 개발되어 상용화되면 사람이 해야 할 일 대부분을 로봇이 대신하게 되므로 오히려 일자리를 축소하여야 할 것이 우려되어 우리나라가 로봇개발에 무관심한 것인지는 알 수 없지만, 세계적인 추세를 무시하는 것은 우리나라가 세계화되기를 거부하는 것과 같다.

이미 다국적 대기업들이 일상에서 사람을 대신하는 서비스용 로봇 개발에 박차를 가하면서 사람을 대신하는 일명 휴머노이드 로봇시장은 이미 치열한 경쟁을 예고할 만큼 급성장하고 있으며, 따라서 사실상 사람을 대신할 로봇은 일상의 현실로 다가와 있다. 급속한 성장이 예고되는 분야는 로봇의 상용화이다.

사람의 일자리를 대신하는 로봇 때문에 로봇에 일자리를 뺏기는 문제를 걱정해야지, 로봇이 상용화되면 창출된 일자리를 어떻게 할 것인지 걱정하지 않고 일자리만 늘리는 것은 잘못된 생각이다. 앞으로 일자리는 세계적으로 줄어들게 될 것을 알아야 하며, 로봇산업을 준비하지 않아

뒷전에서 구경하는 우리나라가 되게 하여서는 안 된다.

　우리나라는 고령화와 저출산 등으로 인한 인구 감소(자연적인 현상)의 대책으로 선진국들처럼 로봇으로 그 돌파구를 찾아야 한다. 이제는 이전의 생산 방법이 아닌 '생산성 혁명'의 시대이다. 은행만 보아도 인터넷 전문은행이 생기고 있듯이, 이전의 영업 방식이 현재에 맞게 변화되게 하는 것이 행복을 위한 것이다.

　인터넷 전문은행을 살펴보면, 은행 창구를 방문하지 않고도 금융 업무를 처리할 수 있도록 하는 '비대면 실명확인' 방식이 가능하다는 것이다. 생체인증기술은 도난이나 분실 가능성이 없어 금융권에서는 이 방식이 차세대 본인 인증 시스템으로 자리 잡을 가능성이 크다.

　스웨덴에서는 '하루 6시간 근무제'를 도입하는 기업들이 늘어나고 있다. 이에 따라 업무효율은 물론 삶의 질도 기존보다 높아지고 있다. 이 제도는 '일과 삶의 균형'을 점점 더 중요시하게 된 사회 분위기 때문이다.

　많은 국가가 택하고 있는 '하루 8시간 근무제'는 헨리 포드가 1914년 미국 디트로이트 공장 노동자들에게 적용했던 시스템이 점차 확산하면서 지금까지 이어져 온 것이다. 하루 10시간 이상 근무가 기본이었던 당시만 해도 포드의 이 같은 실험은 획기적인 일이었다. 포드가 근무 시간을 줄인 이유는 직원들이 공장 밖에서 소비자가 되어 구매력을 높일 것이라고 봤기 때문이며, 이후 100년이 넘는 시간이 흐르며 노동생산성은 두 배 넘게 늘었지만 근무 시간의 변화는 거의 없다.

최근 들어서는 근무 시간이 길면 더 많은 일을 할 것이란 통념을 깨트리는 연구들이 등장하고 있다. 미 ○○○○대 경제학과 존 ○○○ 교수는 지난해 근무 시간을 줄이는 것이 생산성 향상에 도움이 된다는 연구결과를 내놔 주목받았다. ○○○ 교수에 따르면 주당 49시간 이하로 일할 때 나타나는 성과가 비슷한 수준으로 유지되는 반면 50시간을 넘어가게 되면 오히려 직원들의 집중도와 의욕이 크게 떨어지게 되어 성과는 줄어들게 된다는 것이다.

레슬리 ○○와 ○○○대 경영대학원 교수 제시카 ○○는 근로자들을 위한 최적의 근무시간을 조사해 하루 7시간 근무 사이클이 노동자들의 업무 효율성을 높이는 데 가장 효과적이라는 연구 결과를 내기도 했다.

스웨덴 ○○대 경영학과 로랜드 ○○ 연구원은 인터뷰에서 "근무 시간은 역사 속에서 점점 늘어 왔지만, 이는 최선이 아니다."라고 지적했다. 그는 "많은 기업인이 '더 길게 일해 성과를 내야 더 많은 일자리를 만들 수 있다.'는 식의 주장으로 근무 시간을 늘려 왔다."며 "생산성은 1900년대 초반에 비해 1970년을 지나며 2배에 달했기 때문에 4시간만 근무해도 되는 여건이 마련된 셈."이라고 말했다.

어느 뉴스에서 연초 11%까지 치솟았던 청년 실업률이 7%대로 떨어진 가운데 청년 취업자 증가세를 20대 초반이 주도하고 있는 것으로 나타

낮지만, 다수가 비정규직이거나 저임금의 불안정한 일자리에 취업해 '속 빈 강정'이라는 지적이 나온다고 보도하였다. 15~29세 청년층 취업자는 올 1~10월에 작년 같은 기간보다 6만 2천 명 증가했으며, 20대 초반 취업자가 증가한 것은 이 연령대 인구가 25~29세보다 많이 증가한 영향이 크다. 지난해 20~24세 인구가 7만 8천 명 증가할 때 취업자는 8만 1천 명 늘었고 올해도 취업자가 인구 증가 규모보다 1만 6천 명 많다. 인구 증가와 함께 일-학습병행제, 선先취업 후後진학 등 정부 정책도 20대 초반 취업자를 늘린 원인으로 꼽힌다. 이처럼 청년 고용과 관련한 지표는 점차 좋아지고 있지만 정작 청년층은 지표 호조를 체감하지 못하고 있다. 어렵사리 노동시장에 진입했지만 많은 수가 비정규직·저임금 등 불안정한 일자리에 취업해 근무환경이 녹록하지 않아서 그렇다는 분석이 나온다. 청년층 비정규직은 올해 3월 기준 117만 1천 명으로 1년 전보다 3만 4천 명 늘었는데, 1주일에 36시간 미만으로 일하는 시간제 근로자의 증가가 큰 역할을 하였다.

2007년(3월 조사 기준) 20~24세 취업자의 10.1%였던 시간제 근로자 비중은 2008년 15.7%로 급격히 뛴 이후 2012년 18.4%, 2014년 20.6%, 올해 22.9%로 늘었으며, 이는 20대 초반 취업자 4명 중 1명 정도는 시간제 근로를 한다는 것이다. 일하고 싶어도 일자리를 찾지 못하는 청년 취업 애로계층이 지난 9월 기준으로 106만 명에 이른 것도 '체감 고용지표'가 얼어붙은 이유 중 하나로 꼽힌다. 신규 채용을 할 때 신입을 뽑기보다는 훈련 비용과 시간이 적게 드는 경력직을 선호하는 기업들이 갈

수록 늘면서 불안정한 일자리에서 직장생활을 시작하는 청년들이 많아지고 있으며, 기업의 경력직원 채용 비중은 2011년 19.7%에서 2013년 21.9%, 올해 27.1%까지 증가했다. ○○○○부 관계자는 "청년 고용은 다른 연령층에 비해 경기에 민감하다."며 "내수 경기가 회복되는 것이 우선이고, 구조개혁을 통해 노동시장 이중구조가 해소돼야 일자리의 양과 질이 동시에 개선될 수 있다."고 말했다.

대학졸업자가 얼마나 취업했는지는 알 수 없지만, 위의 연구결과를 토대로 산업혁명이 왜 발생하게 된 것인지 생산성 향상을 위한 근무시간은 무엇인지 행복한 삶은 무엇을 말하는 것인지 등을 깊게 생각해 보아야 할 것이다.

• 장난감 사열

행복한 인성

어릴 때의 순수한 마음을 성장하면 잊어버려 저자는 어릴 때 부모의 정성을 아는 자식의 모습이 후에도 사진으로 길이 보관되기를 바란다. 유치원이나 초등학교 1학년 정도 때에는 부모를 공경하던 자식이 자라면 혼자 성장한 것처럼 그 자식이 어렸을 때 부모의 정성을 잊어버린 듯이 행동하게 되기 때문이다.

여기서 주의해야 할 것은 부모의 정성이 타당한 모습으로 자식에게 남아야 할 것이다. 딸은 엄마 팔자를 닮는다는 말이 있듯이, 이는 엄마 생활이 알게 모르게 딸에게 이전되어 딸이 엄마 팔자를 닮게 된다는 말이다. 결혼하려면 장모 될 분을 보라는 말도 있지 않은가. 자식은 부모를 닮게 되므로 부모의 잘못된 생활은 자식에게 단절되게 해야 할 것이다. 어떻게 단절시킬 수 있을지는 말할 수 없지만….

비가 거세게 쏟아지던 어느 날, 어린 아들과 함께 길을 걸어가는 엄마의 모습이 담긴 한 장의 사진! 온라인 매체 이바움스월드는 최근 온라인 커뮤니티 레딧(reddit)과 이머저(imgur) 등에서 주목받고 있는 사진을 소개했다. 이 사진은 비가 쏟아지는 거리를 엄마는 아들을 데리고 집으로 가고 있는 사진이었으며, 작은 우산으로 엄마는 비를 피할 수도 있었겠지만, 비를 그대로 맞으며 걸어가고 있었다. 언제 어디서나 작은 우산이 아닌 자식의 큰 우산이 되어주고 싶은 것이 부모의 마음이다.

어머니는 엄마가 보고 싶지 않은 줄 알았습니다. 어머니는 첫사랑이 없는 줄 알았습니다. 어머니는 친구가 한 사람도 없는 줄 알았습니다. 어머니는 몸은 절대 아프지 않는 어떤 특별한 몸인 줄 알았습니다. 어머니는 어렸을 때부터 아무 꿈도 품은 적이 없는 줄 알았습니다. 어머니는 새벽에 일찍 일어나고 늦게 잠드는 것을 좋아하시는 줄 알았습니다. 어머니는 특별히 좋아하시는 음식이 한 가지도 없는 줄 알았습니다. 어머니는 짧은 파마머리만 좋아하시는 줄 알았습니다. 어머니는 얼굴이 고와지고 몸매가 날씬해지는 것에는 전혀 관심이 없으신 줄 알았습니다. 어머니는 모든 것을 좋게 받아들이시고 아무 불만도 없으신 줄 알았습니다. 어머니는 우리가 전화를 길게 하는 것을 좋아하시지 않는 줄 알았습니다. 어머니는 언제까지나 우리 곁에 계신 줄 알았습니다.
아버지는 단 하루라도 쉬는 것을 좋아하지 않는 줄 알았습니다. 아버지는 웃는 걸 모르시는 줄 알았습니다. 아버지는 딸이 시집가는 것을 보고 마냥 기뻐만 하시는 줄 알았습니다. 아버지는 어머니 외에 아는 여자라고는 한 사람도 없는 줄 알았습니다. 아버지는 배가 빨리 불러서 좋은 음식 앞에서 먼저 일어나시는 줄 알았습니다. 아버지는 양복 입고 넥타이 매는 것을 싫어하시는 줄 알았습니다. 아버지 안주머니에는 늘 돈이 얼마쯤 들어 있는 줄 알았습니다. 아버지는 좋아하시는 운동도 취미도 없는 줄 알았습니다. 아버지는 우리가 하는 말을 귀담아듣지 않으시는 줄 알았습니다. 아버지는 아무리 깊고 험한 길을 걸어가도 조금도 두려워하시지 않는 줄 알았습니다. 아버지 눈에는 눈물이 한 방울도 없는 줄 알았습니다. 아버지는 우리가 객지로 떠나는 것을 좋아하시는 줄 알았습니다.

– 미상

이처럼 자식들은 부모님의 행동을 오판하지 말아야 할 것이다.

병원에서 보호자인 엄마와 아들인 환자가 타인에게 10만 원에 판매할 것을 동의하고 타인도 10만 원에 매입할 것을 동의한 성사될 수 없는 이상한 거래를 본 적이 있다.

심청이가 바다에 몸을 던져 아버지 심봉사가 편하게 살기를 원한 것과 같이, 수년간 고생하는 엄마를 생각한 아들은 차라리 판매되어 엄마가 편하게 살기를 원한 것 같다. 엄마의 생각은 다르겠지만, 아들은 이것이 엄마에게 효도하는 것이라고 생각했을 것이다.

언제나 힘이 되는 가족 때문에 화나는 일이 있다면 그건 그래도 내 편이 되어줄 가족이 있다는 뜻이고, 쓸고 닦아도 금방 지저분해지는 방 때문에 한숨이 나오면 그건 내게 쉴 만한 집이 있다는 뜻이며, 가스 요금이 너무 많이 나왔다면 그건 내가 지난 겨울을 살았다는 뜻이다. 지하철이나 버스에서 누군가 떠드는 소리가 자꾸 거슬린다면 그건 내게 들을 수 있는 귀가 있다는 뜻이고 주차할 곳을 못 찾아 빙글빙글 돌면서 짜증이 밀려온다면 그건 내가 걸을 수 있음에도 차까지 가졌다는 뜻이다. 온몸이 뻐근하고 피곤하다면 그건 내가 열심히 일했다는 뜻이고 이른 아침 시끄러운 자명종 소리에 깼다면 그건 내가 살아있다는 뜻이다. 오늘 하루 무언가가 날 힘들게 한다면 뒤집어 생각해보자! 그러면 마음이 가라앉을 것이다.

– 『열정을 말하다』 중에서

'길거리에서 돈이 든 지갑을 줍는다면 사람들은 어떻게 행동할까?' 미국의 한 연구팀이 이 질문에 대한 답을 찾고자 흥미로운 실험을 했다고 한다. 사람이 많이 다니는 곳에 50달러가 들어있는 지갑을 떨어뜨려 놓고, 그것을 발견한 사람이 어떻게 행동하는지 관찰하는 것이었다. 결과는 놀랍게도 120개 중 80개의 지갑이 그대로 돌아왔다고 한다. 연구진의 "왜 돈이 든 지갑을 그대로 돌려보냈나요?"라는 질문에 "어릴 적 부모님한테 그렇게 하라고 배웠기 때문입니다."라는 대답이 가장 많았다고 한다. 부모의 행동과 가르침에 따라 아이의 도덕성은 길러진다.

'자식은 부모의 거울이다.'라는 말이 절실히 와 닿는 실험결과이다. 그리고 나를 돌아보게 하는 결과이기도 하다. 내 맘대로 되는 자식은 없지만, 날 본받는 자식은 있다는 걸 잊지 말아야 할 것이다. 오늘도 자식이 본받을 행동을 하기 위해 노력하는 하루가 되자. 결코 쉬운 일은 아니지만, 노력하는 모습조차 자식에게는 본이 될 수 있다는 것을 잊지 말자. '어른 말을 잘 듣는 아이는 없지만, 어른이 하는 대로 따라 하지 않는 아이는 없다.'

– 제임스 ○○○

초등학교 1학년의 '가족' 교과서를 보면, '우리가족 이야기', '가족은 꼬옥 안아주는 거야', '무엇을 할까요', '우리집의 규칙과 예절', '식사는 이렇게', '집안일 하기', '가족과 함께', '우리가족 모여라', '가족행사 그리기', '우리집은 웃음바다', '힘을 모아요', '감사카드 만들기' 등이 있고, 어떤 광고를 보면 '옆집 자식은 전화하는데 너는 손가락도 없냐?'라는 식으로 초등학교 1학년 때 학습한 것을 성장한 후 실천하지 않아 부모가 자식을 나무라는 경우도 있다.

어른들은 초등학교 1학년들처럼 순수한 마음이 될 수 없을까? 어른들은 성장하여서 기본적인 것을 생각할 수 없게 되는 것일까? 초등학교 1학년 학생들이 집에서 부모와 함께 숙제할 때 부모의 난감한 모습에서 어른인 부모가 초등학생인 자식보다 못한 것 같다는 느낌이 든다. 부모들이 평상시 하지 않던 일을 초등학교 1학년인 자식의 숙제를 통해 하는 모습이 어쩐지 부자연스럽다.

　어른이 되었다고 초등학교 때 배운 것을 실천하지 않을 바에야 인간으로서 기본적으로 지켜야 할 도리를 굳이 초등학교 때 배울 이유가 있었을까? 배우지 않아도 알게 될 것을 배운 시간이 아깝다. '행복'도 마찬가지이지만, 아는 것을 실천하지 않는 것은 배우지 않은 것과 같은 것이므로 아는 것은 잊지 말고 실천하자. 더구나 초등학교 때 배운 예절은 잊지 말고 꼭 실천하자. 노약자나 연장자를 배려하지 않는 행동은 예절을 배운 것이 아니다.

　인성은 학교생활에서보다는 가정생활에서 쌓인다. 하루 24시간 중 잠자는 시간 8시간 정도를 빼고 16시간을 활동하는 시간으로 본다면 배우는 학생일 때 지식을 습득하는 시간이 15시간이고 지식 외에 부모와 지내는 시간이 대충 1시간 정도로 계산된다. 부모도 생활에 바쁘다 보면 학생들 대부분은 집에서 부모와 소통하면서 지내는 시간은 없고 오히려 공부에 전념(?)하는 시간이 더 많다.

　그러면 15시간이나 되는 지식 습득을 위한 시간과 1시간 정도의 시간으로 어떻게 부모로부터 인성을 배울 수 있을까? 즉 1시간 정도의 가정생활 속에서 인성을 배울 수 있을까? 지식은 하루 15시간 정도의 공부로 지식을 습득하게 되지만 인성은 24시간의 생활 속에서 습득하게 된다. 습득된 지식(국어·영어·수학 등)은 학력 외에는 실생활에서 항상 쓰이게 되는 것은 아니지만, 인성人性은 성품이며 사람이 가져야 할 기본이므로 항상 활용되게 된다. 타인을 배려하는 인성이 곧 행복이다.

　어떤 선생님은 학생을 때리고 또 일부 학생들은 선생님을 때리는 등 언론에 보도된 내용을 보고 우리나라 교육 실정이 한심하여 말한다.
　최근 보도된 내용대로라면 선생님은 선생님대로 학생은 학생대로 때린 이유는 다 있지만, '평계 없는 무덤은 없다.'는 말이 생각난다. 이유가 정당한지의 여부를 떠나 선생님이 학생들을, 학생은 선생님을 때렸다는 결과가 문제다. 정당하다고 때린다면 가벼운 실수도 할 수 있는 허약한 사람은 길을 다니지 말아야 하는 것인지 또 우리나라에 인성이 제대로 교육된 것인지 한심한 일이다.

　평계 만드는 방법이 제법 그럴듯하다. 즉, 타인이 장에 가면 자신도 장에 간다는 식으로 자신의 주관은 전혀 없다. 이는 자신이 하면서 타인이 그렇게 하기 때문에 할 수 없이 하게 되는 것처럼 타인에게 미루는 것이다. 타인이 하든 말든 자신이 할지 말지를 판단하는 것임에도 그럴듯한 이유로 타인에게 미루는 것이다. 예를 들면 바다에 빠져 허우적거리는 사람을 본 행인이 그 사람을 구하려고 바다에 뛰어들었다고 가정할 경우, 위와 같이 주관 없이 판단한다면 타인이 허우적거리기 때문에 바다에 뛰어든 것이지 그 사람을 구하기 위해서 바다에 뛰어든 것이 아니라는 이상한 이유가 되게 된다. 자신이 하는 것은 자신이 하는 것이지 타인 때문에 하는 것(참고사항)이 아니다.

행복은 자신만이 아닌 타인의 만족도 배려해야 한다. 그리고 인생은 타인을 위해 사는 것이 아닌 자신을 위해서 사는 것이다. 이 두 말을 종합하여 보면 타인도 만족하는 행복이면 좋겠지만 그렇게 되지 않으면 자신이 만족하는 삶이 되도록 해야 한다. 다시 결혼과 관련하여 부모와 자식 간의 갈등을 예로 들어 말한다면, 부모는 자식을 위해서 결혼을 반대하는 것인지 생각해 보아야 되겠지만 자식은 부모의 말을 신중하게 생각하여 자신이 하고 싶은 일로 최소한 자신의 인생을 살아야 할 것이다. 자식을 위하지 않고 자식을 위한다면서 결혼을 반대하는 것은 부모의 핑계일 뿐이다.

선생님 그림자도 밟지 않아야 한다는 식의 군국적 교육방식이 되어서도 안 되지만, 학생들이 연장자(선생님)를 우대하는 교육이 되게 해야 할 것이다. 물론 공부도 잘하면 금상첨화이겠지만 학교에서도 모자라 군에서까지 폭력이 연장되고 학생들이 선생님의 잘못을 탓하게 하는 교육이 되게 하여서는 안 된다.

인성은 가르쳐서 배우는 것이 아니고 24시간 동안 무심코 부모의 인성이 자식에게 이전되는 것이다. 면접관이 면접자에게 부모에 대해 알고자 하는 것은 당해 면접자의 가정환경(인성)을 파악하기에 가장 좋은 방법이다. 따라서 기업에 직무 수행과 무관한 가족사항(부모 형제의 직업, 소득 등)을 기재하라는 등의 입사지원서들이 있지만, 기업은 업무수행능력이나 성적 좋은 사람보다는 올바른 인성이 생활화되어 있는 가족을 가진 사람이 더 필요한 사람이기 때문이다. 인성은 부모의 인성이 자식에게 이전되어 쌓이게 되는 것이므로, 부모를 보면 그 자식을 안다.

현대사회를 살아가는 데 필요한 능력은 이해력, 민첩성, 창의성, 유연성, 성실성, 원만한 성격 등이다. 그러나 이 같은 여러 가지 능력을 크게 나누어보면 업무능력과 인성, 이 두 가지로 요약될 수 있다. 열 길 물속은 알아도 한 길 사람 속은 알기 어렵듯이 사람은 복합적인 존재이기 때문에 그 사람의 전인적 인성은 쉽게 알 수 없어, 공자가 사람을 평하거나 스스로를 다스리는 덕목으로 충忠을 제시했던 것 같다. 과거에는 '개천에서 용 난다.'는 말이 통했지만, 현대는 '개천은 개천이고, 용은 용이다.'는 말이 통한다. 왜 그럴까?

지식과 인성은 각기 다르며, 인성은 부모로부터 이전되는 것이므로 자식의 인성이 잘못된 것이라면 부모의 인성이 잘못된 것을 의미하는 것이다. 그래서 자식이 잘못하게 되면 타인이 부모를 탓하는 이유도 여기에 있다. 그동안 부모로부터 오랜 세월 동안 이전된 인성이 노력으로 바뀌게 되는 것은 아니지만, 자식들은 타인이 부모를 탓하는 일이 발생하지 않게 노력해야 할 것이다.

어미 새는 새끼 새가 날게 하도록 훈련시킨다. 물론 새끼 새가 자라면 할 수 있겠지만, 그때까지 기다리다간 다 자라지도 못한 새끼가 다른 동물의 먹이가 될 수 있기 때문일 것이다. 어미 새가 새끼 새를 훈련하는 방법은 혹독하다. 예를 들어 삐약거리는 새끼 새를 두고 어미 새는 아주 높은 곳에서 저 멀리 날아가서 어미 새는 새끼 새가 날아오기를 기다린다. 새끼 새에게는 어미 새를 따라 난다는 것은 생명을 잃어버릴 수도 있는 위험한 일이었지만, 어미 새는 새끼 새가 날아오지 않으면 이 방법을 계속한다.

이것이 교육이다. 약하고 애처롭다고 교육하지 않으면 어떻게 될지 어미 새에게는 그것이 더 가슴 아픈 일임을 알기 때문이다. 애처롭다고 보호하는 것이 능사가 아니다. 미운 사람에게 떡을 더 준다는 말은 착한 사람에게는 떡을 덜 준다는 말이다. 부모는 애처로운 자식일수록 엄격한 교육으로 자식이 혼자서도 어려움을 극복할 수 있도록 해야지 애처롭다고 무조건 보호하는 것은 잘못이다. 여기서 저자가 말하는 '보호'라는 것은 무조건 감싸는 것이 아닌 어려움을 극복할 수 있게 도와주는 것을 말하는 것이 아니다.

열 손가락 꼬집어서 아프지 않은 손가락 없듯이, 부모는 약한 자식을 우선으로 도와주어야 한다. 어느 부모가 자식에게 재산을 물려주고 싶은데 어떻게 하는 것이 좋겠냐고 저자에게 묻길래, 우선되어야 하는 것은 자식이 아닌 자신임을 잊지 말아야 할 것이며 자식을 도와주고 싶다면 제일 약한 자식이 어느 자식인지 생각하여 그 자식부터 도와주는 것이 정당한 방법일 것이라고 말한 적이 있다. 부모는 자식이 행복할 수 있도록 키우는 것이지, 잘 사는 자식에게 의지하기 위해 키우는 것이 아니다.

행복한 인성　　133

인성 교육은 광복 이후 우리 사회와 교육이 일관되게 중요함을 주장해 온 것이지만, 인성 교육을 위해서 노력하지 않고 학습 위주의 교육을 일관되게 추진하여 온 점을 볼 때 인성 교육은 실천 없는 구호에 그친 느낌이 없지 않다. 우리나라 교육환경은 시험성적이 마치 인성 성적인 양 시험성적향상을 위해 노력하였을 뿐 인성 향상을 위해 노력하지 않았다. 즉, 인성은 실천이 핵심임에도 교육이념 수준에서 인성을 선언적으로 강조했을 뿐 그런 위상에 걸맞게 인성 교육을 구체적으로 실천한 것은 없다.

• 충효 교석

• 꿈 교석

대부분의 학교 교훈이나 학훈 학교가 가르치고자 하는 것은 추상적이고 관념적이긴 하지만, 결국 인성 향상을 목표로 한다. 이는 공부를 해야 하는 학창시절일지라도 성적이 아닌 행복감을 느끼는 인성이 중요하다는 것을 의미하는 것이다.

따라서 학창시절에는 공부도 열심히 해야 하겠지만, 행복은 성적순이 아니므로 학창시절의 추억을 만들면서 학창시절에 맞는 정서 함양도 중요한 것이다.

• 사임당 동상

엄마, 아내, 여자로서 갖는 '사임당'의 고충은 지금이나 500년 전이나 똑같다. 시와 그림에 능한 율곡의 어머니라는 역사적 사실에만 그칠 것이 아니라 행복을 위한 사임당의 노력을 생각해 보아야 할 것이다.

행복을 위해서는 성적향상을 위한 교육보다는 홍익인간을 양성하는 인성 교육이 중요함에도, 우리나라 학생들은 시험(입시 등)성적에 대한 부담감으로 불행하다고 생각하는 학생들이 많다. 성적이 좋다고 반드시 행복한 것은 아니며, 성적과 행복은 별개이다.

국어사전에는 인성人性을 '사람의 성품'이라고 정의하고 있고 또 인성이 무엇인지 다들 알 것이므로 더 말할 필요는 없겠지만, 영국 ○○○○

대 연구팀이 '인간 24시간 생체리듬'을 분석한 내용인 직장에서 오전 10시 이전에 근무를 강요하는 것은 직원들의 건강과 피로 스트레스를 악화시키는 '고문 행위'와 같다는 연구보고서를 살펴보고자 한다.

영국 ○○○○대 연구팀은 최근 보고서를 통해 55세 이하 성인의 24시간 생체리듬이 일반적 근무시간인 '9 to 5'(오전 9시~오후 5시)에 적합하지 않다고 밝혔다. 심지어 오전 10시 이전에 근무하게 되면 육체적 활동과 감정, 정신건강에 심각한 위협이 될 수도 있다고 했다.

연구에서, 인간의 24시간 생체리듬을 정밀 분석한 결과 평균 나이 10세 학생들이 오전 8시 30분 이전에 공부할 때 집중력이 현저히 떨어진 것으로 밝혀졌으며, 16세 학생들의 경우 오전 10시 이후 대학생들은 오전 11시 이후 공부를 시작할 때 집중력과 학습 효과가 최고조에 달한 것으로 밝혀졌다.

○○ 박사는 "잉글랜드 북부 뉴캐슬 지역의 한 학교 교장으로 재직 당시 수업시간을 오전 8시 30분에서 오전 10시로 변경했더니 만점이 19%까지 향상된 것을 확인했다."고 전했다. 이와 마찬가지로 직장에서도 직원들에게 이른 시간에 근무를 강요하는 것은 작업 능률을 해칠 뿐아니라 건강에도 좋지 않다고 ○○ 박사는 설명했다. 그는 "우리는 '수면 부족'을 강요하는 시대에 살고 있다."면서 "수면 부족은 인간의 육체적 활동과 감정에 악영향을 미쳐 생체 시스템에 손상을 가져올 수 있다."고 했다.

에컨대 교도소에서 재소자들이 원하지 않은 시간대에 잠을 깨우고 식사를 주는 목적은 재소자들이 고분고분하게 만들기 위한 것으로 이는 재소자들의 수면 부족 현상 때문에 가능한 것이며, 이어 "인간의 자연스러운 생체시계에 맞도록 직장과 학교에서 일과 공부를 시작하는 시간을 조정해야 할 필요가 있다."면서 "이는 범사회적 이슈가 돼야 한다."고 덧붙였다.

우리나라도 이 연구보고서를 참고하여, 근무 및 학업 시간 등의 조정을 통해 효율적이고 행복한 삶이 되도록 해야 할 것이다.

인성 교육이 철저히 이뤄지도록 하기 위해서 가정에서부터 가족 간의 대화시간을 늘려야 한다. '밥상머리 교육'을 통해서라도 오늘 하루의 생활을 반성하고 내일의 계획을 세우기 위한 이야기를 부모와 자녀 간에 주고받으면서 일상적인 생활을 대화하고 애로사항과 문제점 등을 풀어가고 안아주는 소통하는 시간을 많이 갖도록 가족 전부는 의도적으로 노력해야 할 것이다. 가족 간에 대화하는 부모이어야지 가족(자식)을 취조하는 부모가 되어서는 안 된다.

그러면 소통이란 뭘까? 소통이란, 첫째, 막히지 아니하고 잘 통함. 둘째, 뜻이 서로 통하여 오해가 없는 것으로 해석된다. 하지만 소통의 진정한 의미에 대해 사람들은 잘 모른다. 그저 상대와 만나서 하고 싶은 이야기 실컷 하고, 공감해주는 척하면 소통이 됐다고 생각하는 이들이 많다.

특히나 민간기업이건 정부조직이건, 힘의 논리로 소통을 대화의 수단이자 도구로 포장하는 경우가 많다.

소통과 관련하여 어느 교수가 말한 내용을 적어 본다. "소통은 나의 주장을 내가 얼마나 잘하느냐가 아니고, 남의 이야기를 얼마나 잘 듣느냐가 중요한 것이다.", "대한민국이 힘으로 모든 것을 밀어붙여서 빠른 속도로 산업성장을 해가는 과정에서 그런 타성이 생겨서 소통이 하나의 수단이나 힘의 논리로 생각하는 경향이 너무 팽배해 있다. 이것이 소통을 어렵게 만드는 상당히 중요한 요인이다.", "그냥 자기 말만 하고, 상대방 말은 안 듣고… 상대방이 뭐라고 이야기를 하면 상대방의 의도나 입장이 무엇이건 간에 내 편리대로 해석해서 당신 그렇게 이야기를 했잖아! 이런 식으로 일방적인 해석으로 밀어붙이면서 이를 소통이라고 한다."

진정한 소통은 무엇일까? 소통은 일방적으로 자신의 주장을 이야기하고 타인의 이야기를 자신에게 맞게 해석하는 것이 아니고, 궁극적으로 상대방의 이야기를 듣고 서로 간의 차이점을 발견한 후 열린 마음으로 상대방의 이야기를 수용하든지 아니면 자신의 주장을 이해시키는 것이다.

'가훈家訓'을 실천해야 한다. 가훈은 한 가정의 전통과 가풍을 이어가도록 하는 가정의 지침이다. 자녀들이 가훈에 따라 행동하고 실천할 의지를 갖는다면 가족 간의 사랑은 물론 효의 정신이 몸에 배어 웃어른을 존경하는 풍토가 조성될 것이며, 자식이 부모를 공경하고 형제간에도 우애가 깊게 될 것이다. 이렇게 함으로써 황혼에 쓸모없게 된 부모가 그동안 자식을 부양한 부양 값을 자식으로부터 받아야 할 것인지 등의 각종 사회적인 문제점이 발생하지 않게 될 것이다.

• 가훈

프랑스는 암기식 교육이 아닌 개인적인 생각을 발표할 수 있게 하는 주관식 교육 방법을 선호하고 있다. 즉, 프랑스에서는 아이들에게 스트레스를 주지 않는 취미생활 등의 여유로운 생활을 교육하고 우리나라에서는 주입식의 성적 위주 교육을 선호한다. 교육은 희망이며 백년대계라고 말하듯이, 어떤 교육이 희망과 백년대계를 위한 교육일까? 우리는 행복을 참게 하는 성적 위주의 교육을 지양하고 인간성을 향상하는 교육이 되게 해야 할 것이다. 학벌 위주의 교육은 학생들이 인성보다는 좋은 성적을 위해서 타인(보호자 등)의 눈치를 살피게 하는 교육이 되게 하는 것이다.

많은 분이 잘못된 가정교육에 대한 책임을 통감하듯이 잘못된 기존의 가정교육을 되풀이하여서는 안되며, 어려운 사람을 보살피는 인성(인간) 교육이 되게 하지 않고 말만 하면서 실천하지 않는 것은 잘못된 가정 교육 때문이다. 자식을 질타하고 꾸짖기만 하는 부모가 아닌 자식과 소통하는 부모이어야 한다.

양다리 걸치기 식(성적과 인성) 교육이나 물질중심의 교육이 아닌 어려운 사람을 보살피고 연장자를 우대하는 인성 교육이 되게 한 후 노력 여하에 따라서 학생 누구나 꿈과 희망이 실천되게 하는 행복한 교육이 되게 하여, 영토적 여건이나 수적 열세인 우리나라가 타 나라보다 우수한 민족의 나라임이 증명되게 해야 할 것이다.

포수가 두 마리 토끼를 잡으려다가 한 마리 토끼도 잡지 못하고 말듯이, 학교에서는 성적과 인성의 두 가지를 전부 교육할 수 없어 성적 위주의 교육이 되게 하면서 인성 교육은 제대로 하지 못하고 있다. 학교에서는 50% 정도만 교육(성적 위주)하는 셈이므로 나머지 50% 정도는 누가 교육(인성)할 것인가? 이는 가정에서 부모가 교육해야 할 것이다.

교육은 모르는 것을 가르치는 것이지 아는 것을 가르치는 것이 아니므로 칭찬보다는 꾸지람이 더 많을 수밖에 없는 것임에도, 칭찬이 많은 교육은 자식을 제대로 가르치는 것이 아니다. 사랑으로 가르치는 것이지 감정에 빠져 가르쳐서는 안된다.

대학 졸업하고 스펙(학력·학점·토익 점수 등)만 열심히 쌓으면 취직될 줄 알았는데 현실은 그게 아니다. 이럴 줄 알았으면 연로한 부모님을 힘들게나 하지 말 것을… 부모님을 힘들게만 한 것 같지만, 대학 졸업하고 취직하기 힘든 현실을 부모님께서 이해해 주실 것이다? 이는 책임 없는 안이한 생각이다.

내년이면 고등학교를 졸업하는 조카에게 달콤한 말로 유혹해 보았다. "한 1년 펑펑 노는 거 어때?", "국내에 노는 학교가 생긴다는데 입맛 당기지 않아?" 깐깐한 녀석은 좀처럼 고개를 끄떡이지 않았다. 그래도 가끔은 녀석을 찔러볼 생각이다. "노는 것의 진수가 무엇인지 만끽해 보기 위해 다 때려치우고 실컷 놀아보는 거야. 어른이 되기 전에 특별휴가를 즐기는 거지." 이처럼 온갖 미사여구를 동원해 열심히 녀석의 마음을 흔드는 중이다. 노는 게 최고라는 뽀로로의 미소를 생각하는 녀석이라 승산은 있어 보인다.

저자가 조카에게 1년 정도 놀기를 권하는 이유는 놀아 보아야 노는 것보다 일하는 것이 더 즐겁다는 것을 알게 하기 위한 것이며, 하고 싶은 일을 한다면 이것이 행복이며 삶의 가장 중요한 의미임을 알게 하기 위한 것이다.

월요일이 있으면 토요일이 있듯이 시작과 끝은 반드시 있기 마련이다. 끝은 시작을 의미하므로 끝을 잘 활용하여 좋은 시작이 되게 해야 한다. 즉 끝은 지난 일을 뒤돌아보고 새로운 마음으로 시작하자는 것이다. 월요일과 토요일이 있는 이유도 그 때문일 것이리라. 저자의 놀아야 된다는 말은 충전된 마음으로 시작하자는 것이지 공부를 그만두자는 말이 아니다. 끝없이 달리는 것은 지루하다.

요즘 아이들은 놀고 싶다고 말하면서도, 정말 놀고 싶다고 당당히 말하는 아이들이 없다. 하고 싶은 걸 마음대로 할 수 없다는 것을 아이들이 자연스럽게 습득한 것일까? 만약 주위에서 번쩍 손을 들어 놀고 싶다고 말하는 아이가 있다면, 저자는 크게 박수 치며 웃어주고 싶다. 넌 놀 줄 아는 용감한 아이라고!

공부한다고 뭐가 달라져? 아이들은 잘사는 것, 돈에 구애받지 않는 편안하고 안락한 삶을 위해 쉼 없이 굴러가는 수레바퀴 같다. 저자는 아이들에게 공부 잘하는 방법보다는 공부한 것을 어떻게 실천할 것인가를 가르쳐야 할 것으로 본다.

공부와 수많은 학원, 너무 늦은 시간(새벽 1~2시 정도)에 귀가하고 부모들의 잦은 성적 비교 등 수많은 것들은 우리나라 학생들이 감당하기에는 힘들고 또 이렇게 심적으로 1초의 자유시간도 없는 우리나라 학생들이 가엽다. 신나게 놀고 집에 늦게 들어와도 그냥 두는 타국은 공부를 잘하건 못하건 아예 강요하지 않으니 행복할 것인데 우리나라 학생들은 겉으로는 웃고 있지만 속으로는 울 수밖에 없다고 생각하니 서글퍼진다. 그때를 즐기지 못하고 미래의 행복을 위해 참고 공부하는 것이 과연 학생들에게 행복일까?

우리나라 학생들이 왜 이렇게 열심히 공부해야 할까? 이렇게 공부하는 이유는 돈이나 권력을 위한 것인 것처럼 보인다. 돈이나 권력을 위한 공부는 행복을 위한 공부가 아니다. 공부하지 않고도 행복한 사람이 많듯이, 공부가 행복이라고 말하며 공부할 것을 권하는 것은 신뢰할 수 없는 말이다. 이처럼 선생·부모·학생(자식)이 서로 불신하여 학생이 선생을 때리는 등 여러 사회적 문제점이 발생하는 것인지도 알 수 없다. 행복은 마음속에 있는 것이지 돈과 권력에 있는 것이 아니다. 돈과 권력은 삶의 수단일 뿐 삶의 목표는 아니다.

우리나라 아이들의 행복도는 초등학교 5학년 때는 정점이지만, 중학교에 들어가면서 급락하게 된다. 이는 초등학교 때에는 부담 없던 성적이 중학교에 들어가면 부담되게 때문이다.

○○관리본부의 '2013 국민건강영양조사'에 따르면 우리나라 만 12~18세 청소년 중 우울 증상을 경험한 비율이 11.2%를 기록한다고 밝히고, 또 ○○보건사회연구원이 발간한 보고서에 따르면 우리나라 아동(0~17세)들의 학업 스트레스 지수는 50.5%로 유엔아동기금(UNICEF) 조사 대상국가인 29개국에서 가장 높은 것으로 분석하고 있다

이처럼 우리나라 청소년 10명 중 1명이 성적에 대한 부담감으로 일상생활에 지장이 있는 수준의 우울증을 경험하고, 우리나라 청소년들이 느끼는 행복의 정도는 6년째 경제협력개발기구(OECD) 회원국 가운데 최하위를 기록하고 있다.

우리나라 청소년들의 정신 건강 향상을 위해 중학생이 된 청소년을 대상으로 행복감 또는 삶의 만족감에 영향을 미치는 요소를 자세히 파악하여 우리나라 청소년들의 행복 지수가 세계 최저 수준을 보이는 만큼 입시 중심의 현 교육제도를 개선하는 등 우리나라 청소년들의 만족도를 제고시키는 방안을 마련해야 할 것이다.

'꿈은 이루어진다.', '젊은이들이여 야망을 가져라.'(Be Ambitious!)를 기억하자. 생활 중에도 잊지 말기 바라면서 저자는 주제별로 일부 사자성어를 아래에 적어 본다. 알면서도 실천하지 않는 것은 모르는 것과 같은 것이므로, 저자가 사자성어를 적은 이유는 알아야 한다는 것이 아니고 앎(知識)을 실천하자는 것이다.

1) 학문學問

① 溫故知新(온고지신): 옛 것을 익혀서 그것으로 미루어 새 것을 깨달음.

② 螢雪之功(형설지공): 고생을 하면서도 꾸준히 학문을 닦은 보람.

③ 盈科後進(영과후진): 구덩이에 물이 찬 후에 밖으로 흐르듯 학문도 단계에 맞게 진행해야 한다는 뜻.

④ 敎學相長(교학상장): 가르치는 사람과 배우는 사람이 서로의 학업을 증진시킨다는 뜻.

⑤ 亡羊之歎(망양지탄): 갈림길이 많아 양을 잃고 탄식한다는 뜻으로, 학문의 길도 여러 갈래여서 진리를 찾기 어렵다는 말.

⑥ 不恥下問(불치하문): 자기보다 아래 사람에게 배우는 것을 부끄럽게 여기지 않음.

⑦ 曲學阿世(곡학아세): 올바른 학문을 굽혀, 속된 세상에 아부함.

2) 교우交友

① 知音(지음): 백아伯牙와 종자기鍾子期 사이의 고사로부터 거문고 소리를 알아듣는다는 뜻에서 유래.

② 水魚之交(수어지교): 고기와 물과의 관계처럼 떨어질 수 없는 특별한 친분.

③ 莫逆之友(막역지우): 서로 거역하지 아니하는 친구.

④ 金蘭之契(금란지계): 금이나 난초와 같이 귀하고 향기로움을 풍기는 친구의 사이의 맺음(사귐).

⑤ 管鮑之交(관포지교): 관중과 포숙의 사귐과 같은 친구 사이의 허물없는 교재.

⑥ 竹馬故友(죽마고우): 어릴 때, 대나무 말을 타고 놀며 같이 자란 친구.

⑦ 刎頸之交(문경지교): 대신 목을 내주어도 좋을 정도로 친한 친구의 사귐

3) 세태世態

① 桑田碧海(상전벽해): 뽕나무밭이 푸른 바다가 됨.

② 天旋地轉(천선지전): 세상일이 크게 변함.

③ 吳越同舟(오월동주): 서로 원수의 사이인 오나라 사람과 월나라 사람이 같은 배를 탐.

※ 오월동주吳越同舟는 ① 원수는 외나무다리에서 만난다. ② 세상일이 크게 변한다. ③ 아무리 원수지간이라도 위급한 상황에서는 서로 돕지 않을 수 없다의 세 가지 의미를 동시에 지닌다.

4) 상쟁相爭

① 漁父之利(어부지리): 조개와 도요새가 서로 버티는 통에 어부가 둘을 다 잡아 이득을 봄.

② 犬兔之爭(견토지쟁): 개와 토끼가 싸우다 지쳐서 둘 다 쓰러져 숨져 있는 것을 지나가던 농부가 주워서 이득을 봄.

③ 蚌鷸之爭(방휼지쟁): 도요새가 방합을 먹으려고 껍질 안에 주둥이를 넣는 순간, 방합이 입(껍질)을 닫는 바람에 도리어 물려서 서로 다툰다는 뜻. 서로 적대하고 양보하지 않음을 이른다. 도요새와 조개가 서로 다투다가 어부가 힘들이지 않고 이들을 주워서 이득을 봄.

5) 여럿 가운데서 제일 뛰어난 것

① 白眉(백미): 마 씨 오 형제 중에서 가장 재주가 뛰어난 맏이 마량이 눈썹이 희었다는 데서 나온 말.

② 鐵中錚錚(철중쟁쟁): 같은 동아리 가운데 가장 뛰어난 사람을 비유.

6) 어떤 일에 일관성이 없음

① 高麗公事三日(고려공사삼일): 고려의 정책이나 법령은 기껏해야 사흘밖에 가지 못함.

② 早變夕改(조변석개): 아침저녁으로 뜯어고침.

③ 朝令暮改(조령모개): 아침에 영(명령)을 내리고 저녁에 다시 고침.

7) 불가능한 일을 굳이 하려 함

① 緣木求魚(연목구어): 나무에 올라가서 물고기를 구함.

② 陸地行船(육지행선): 뭍으로 배를 저으려 함.

③ 以卵投石(이란투석): "달걀로 바위 치기".

8) 무척 위태로운 일의 형세

① 風前燈火(풍전등화): 바람 앞에 놓인 등불. 사물이 매우 위태로운 처지에 놓여 있음을 비유하는 말.

② 焦眉之急(초미지급): 눈썹이 타면 끄지 않을 수 없다는 뜻으로, 매우 다급한 일을 일컬음.

③ 危機一髮(위기일발): 위급함이 매우 절박한 순간(거의 여유가 없는 위급한 순간).

④ 累卵之勢(누란지세): 새알을 쌓아놓은 듯한 위태로운 형세.

⑤ 百尺竿頭(백척간두): 백 척 높이의 장대 위에 올라섰다는 뜻. 몹시 위태롭고 어려운 지경에 빠짐.

⑥ 如履薄氷(여리박빙): 얇은 얼음을 밟는 것 같다는 뜻으로, 몹시 위험하여 조심함을 이르는 말.

⑦ 四面楚歌(사면초가): 사방에서 적군 초나라 노랫소리가 들려옴. 사면이 모두 적에게 포위되어 고립된 상태.

⑧ 一觸卽發(일촉즉발): 조금만 닿아도 곧 폭발할 것 같은 모양. 막 일이 일어날 듯하여 위험한 지경.

9) 이러지도 저러지도 못하는 상황

① 進退兩難(진퇴양난): 앞으로 나아가기도 어렵고 뒤로 물러나기도 어려움.

② 進退維谷(진퇴유곡): 앞으로 나아가도 뒤로 물러나도 골짜기만 있음. 어쩔 수 없는 궁지에 빠진 상태.

③ 鷄肋(계륵): '닭갈비'라는 뜻으로 먹자니 먹을 것이 없고, 버리자니 아까움.

10) 아주 무식함

① 目不識丁(목불식정): '낫 놓고 기역 자도 모름'.

② 魚魯不辨(어로불변): '어魚'자와 '로魯'자를 분별하지 못함.

③ 一字無識(일자무식): 글자 한 자도 알지 못함.

11) 화합할 수 없는 원수지간

① 氷炭不相容(빙탄불상용): 얼음과 숯불은 서로 용납되지 아니함.

② 氷炭之間(빙탄지간): 얼음과 숯불의 사이(관계).

③ 不俱戴天之讐(불구대천지수): 하늘을 함께 이고 살아갈 수 없는 원수.

12) 평범한 사람들

① 甲男乙女(갑남을녀): 갑이라는 남자와 을이라는 여자.

② 張三李四(장삼이사): 장 씨 세 사람과 이 씨 네 사람(당시 흔했던 성씨임).

③ 匹夫匹婦(필부필부): 한 쌍의 지아비와 한 쌍의 지어미.

④ 樵童汲婦(초동급부): 나무하는 아이와 물 긷는 아낙네.

13) 대세의 흐름에 적응하지 못하고 융통성이 없어 무척 고지식함

① 刻舟求劍(각주구검): 배에 금을 긋고 칼을 찾음.

② 膠柱鼓瑟(교주고슬): 이교로 붙이고 거문고를 탐.

③ 守株待兎(수주대토): 구습을 고수하여 변통할 줄 모름. 진보가 없음을
   비유.

14) 불치의 병처럼 굳어진 자연에 대한 애착

① 泉石膏肓(천석고황): 산수를 사랑하는 것이 정도에 지나쳐 마치 불치
   의 고질과 같음.

② 煙霞痼疾(연하고질): 깊이 산수의 경치를 사랑하고 집착하여 여행을 즐기는 고질 같은 성격.

15) 아무리 실패하여도 그에 굴하지 아니함

① 百折不屈(백절불굴): 여러 번 꺾어져도 굽히지 않음.

② 七顚八起(칠전팔기): 일곱 번 넘어지면 여덟 번째는 꼭 일어남.

16) 부모님에게 효도함

① 昏定晨省(혼정신성): 저녁에는 부모님의 잠자리를 정하고 아침에는 부모님께서 안녕히 주무셨는지를 살핌.

② 斑衣之戱(반의지희): 부모를 위로하려고 색동저고리를 입고 기어가 보임.

③ 反哺報恩(반포보은): 자식이 부모가 길러 준 은혜를 갚음.

④ 風樹之嘆(풍수지탄): 효도를 다하지 못하고 어버이를 여읜 자식의 슬픔을 비유한 말.

※ 이는 "수욕정이풍부지樹欲靜而風不止하고 자욕양이친부대子欲養而親不待니라"(나무는 고요하고자 하나 바람은 멎지 아니하고, 자식은 봉양하고자 하나 어버이는 기다려 주지 않는다.)는 말에서 유래된 것이다.

17) 누군가를 그리워하여 잊지 못함

① 寤寐不忘(오매불망): 자나 깨나 잊지 못함.

② 輾轉反側(전전반측): 누워서 이리 뒤척 저리 뒤척 잠을 이루지 못함.

③ 輾轉不寐(전전불매): 누워서 이리저리 뒤척이며 잠을 이루지 못함.

18) 말이나 글씨로는 전하지 못할 것을 마음에서 마음으로 전함

① 以心傳心(이심전심): 마음에서 마음으로 전함.

② 心心相印(심심상인): 마음과 마음에 서로를 새김.

③ 不立文字(불립문자): 문자나 말로써 도를 전하지 아니함.

④ 敎外別傳(교외별전): 석가 일대의 설교 외에 석가가 마음으로써 따로 심원한(깊은) 뜻을 전함.

⑤ 拈華微笑(염화미소): 이심전심의 경지를 이름.

19) 겉 다르고 속 다름

① 面從腹背(면종복배): 면전에서는 따르나 뱃속으로는 배반함.

② 勸上搖木(권상요목): 나무 위에 오르라고 권하고는 오르자마자 아래서 흔들어 댐.

③ 羊頭狗肉(양두구육): 겉으로는 그럴듯하게 내세우나 속은 음흉한 딴생각이 있음.

④ 敬而遠之(경이원지): 겉으로는 존경하는 체하면서 속으로는 멀리함.

⑤ 口蜜腹劍(구밀복검): 입속으로는 꿀을 담고 뱃속으로는 칼을 지녔다는 뜻으로 입으로는 친절하나 속으로는 해칠 생각을 품었음을 비유하여 일컫는 말.

⑥ 表裏不同(표리부동): 겉과 속이 다름.

20) 학문에 전념함

① 自强不息(자강불식): 스스로 힘써 행하여 쉬지 않음.

② 發憤忘食(발분망식): 발분(분발)하여 끼니를 잊고 노력함.

③ 手不釋卷(수불석권): 손에서 책을 놓을 사이 없이 열심히 공부함.

④ 螢窓雪案(형창설안): 반딧불이 비치는 창과 눈[雪]이 비치는 책상이라는 뜻으로, 어려운 가운데서도 학문에 힘씀을 비유한 말.

※ 형창설안螢窓雪案의 고사의 주인공은 '차윤'과 '손강'이다.

⑤ 切磋琢磨(절차탁마): 옥돌을 쪼고 갈아서 빛을 냄. 곧 학문이나 인격을 수련. 연마함.

⑥ 走馬加鞭(주마가편): 달리는 말에 채찍을 더한다. 자신의 위치에 만족하지 않고 계속 노력함.

21) 한바탕의 헛된 꿈

① 南柯一夢(남가일몽): 꿈과 같이 헛된 한 때의 꿈.

② 一場春夢(일장춘몽): 한바탕의 봄 꿈처럼 헛된 영화(富貴榮華).

③ 邯鄲之夢(한단지몽): 세상의 부귀영화가 허황함을 이르는 말.

　※ 한단지보邯鄲之步 "본분을 잊고 억지로 남의 흉내를 내면 실패한

다."는 말로 한단지몽과는 아주 다른 말이다.

22) 필요할 때는 취하고 필요 없을 때는 미련없이 버림

① 甘呑苦吐(감탄고토): 달면 삼키고 쓰면 내뱉음.

② 兎死狗烹(토사구팽): 교활한 토끼가 죽으면 충실한 사냥개는 주인에게

잡혀먹힘.

　※ 원래는 교토사이양구팽狡兎死而良狗烹의 준말로 할 일이 없는 사냥

개는 아무리 훌륭해도 쓸모없는 존재가 됨을 이르는 말.

23) 아주 빼어난 인물의 여자

① 傾國之色(경국지색): 임금이 혹하여 국정을 게을리함으로써 나라를 위

기에 빠뜨리게 할 미인이라는 뜻.

② 傾城之美(경성지미): 한 성城을 기울어뜨릴 만한 미색美色.

③ 花容月態(화용월태): 꽃같은 용모에 달같은 몸매.

④ 丹脣皓齒(단순호치): 붉은 입술에 흰 이를 가진 여자.

24) 앞길이 유망함

① 前程萬里(전정만리): 앞길이 구만 리 같음.

② 鵬程萬里(붕정만리): 붕새가 날아가는 하늘길이 만 리로 트임.

25) 한 나라의 정사를 떠받들 만한 재목

① 股肱之臣(고굉지신): 팔, 다리가 될 만한 신하.

② 社稷之臣(사직지신): 사직(왕조)을 지탱할 만한 신하.

③ 棟梁之材(동량지재): 대들보(동량)가 될 만한 재목.

④ 柱石之臣(주석지신): 주춧돌(주석)이 될 만한 신하.

26) 약자가 강자 틈에 끼어 고생함

① 鯨戰鰕死(경전하사): 고래 싸움에 새우 등 터진다.

② 間於齊楚(간어제초): 제나라와 초나라 사이에 끼임.

27) 매우 가까운 거리나 근소한 차

① 咫尺之地(지척지지): 매우 가까운 곳.

② 咫尺之間(지척지간): 매우 가까운 거리.

③ 指呼之間(지호지간): 손짓하여 부를만한 가까운 거리.

④ 五十步百步(오십보백보): 피차의 사이는 있으나 본질적으로는 같다.(『맹

자孟子』에 나온 말임).

28) 공연히 남에게 의심살 만한 일은 하지 않음

① 瓜田不納履(과전불납리): 외밭(오이밭)에 신을 들여놓지 않음.

② 李下不整冠(이하부정관): 오얏나무 아래에선 갓을 바로 쓰지 않음.

29) 견문이 좁아 세상 형편을 모르는 사람

① 井底之蛙(정저지와): 우물 안의 개구리.

② 坐井觀天(좌정관천): 우물에 앉아서 하늘을 본다 함이니, 견문이 좁음
   을 뜻함.

③ 管見(관견): 붓 대롱 속으로 세상을 보는 것처럼 소견머리가 없음.

④ 通管窺天(통관규천): 붓 대롱을 통해서 하늘을 엿본다.

30) 약자가 강자 틈에 끼어 고생함

① 鯨戰鰕死(경전하사): 고래 싸움에 새우 등 터진다.

② 間於齊楚(간어제초): 제나라와 초나라 사이에 끼임.

31) 일이 다 틀린 후에 뒤늦게 손을 씀

① 死後藥方文(사후약방문): 죽은 뒤에야 약밧문藥方文(현대의 처방전)을 줌

② 亡羊補牢(망양보뢰): 양羊을 잃은 후에 우리를 고침.

③ 渴而穿井(갈이천정): 목이 마르니까 비로소 우물을 판다.

32) 학문에서 진리를 찾기 어려움

① 亡羊之歎(망양지탄): 달아날 양을 쫓는데 갈림길이 많아서 잃어버리고 탄식한다는 뜻으로, 학문의 길이 다방면이어서 진리를 깨닫기가 어려움을 한탄함을 비유한 말.

② 多岐亡羊(다기망양): 여러 갈래의 길에서 양을 잃음.

33) 앞날의 길흉화복은 예측하기 힘들다

① 塞翁之馬(새옹지마): 변방에 사는 늙은이가 기르던 말이 달아났다가 준마와 함께 돌아왔는데, 그 노인의 외아들이 그 준마를 타다가 떨어져 절름발이가 되었다. 때마침 난리가 일어나 성한 젊은이들은 모두 전쟁에 끌려나가 죽었으나 그 노인의 아들은 절름발이여서 목숨을 보전하였다는 데서 나온 말.

② 轉禍爲福(전화위복): 화가 바뀌어 복이 됨.

34) 부부 사이에 금슬이 좋음

① 百年偕老(백년해로): 부부가 화락하게 일생을 늙음.

② 偕老同穴(해로동혈): 함께 늙어서 같이 묻힘.

③ 琴瑟相和(금슬상화): 거문고와 비파 소리가 조화를 잘 이룸을 비유한 말.

행복은 성적순이 아니다

35) 어떤 일의 시작이나 발단

① 嚆矢(효시): '우는 화살'이란 뜻으로 옛날에 전쟁할 경우에 가장 소리가 잘 나는 화살을 쏘아서 개전(開戰)을 알렸다는 데서 유래한 말.

② 濫觴(남상): '술잔에서 넘친다'는 뜻으로 아무리 큰 물줄기라 하더라도 그 근원을 따지고 보면 자그마한 술잔에서 넘치는 물로부터 시작된다는 뜻.

③ 破天荒(파천황): 이전에 아무도 하지 못한 일을 처음으로 함.

36) 몹시 가난함

① 三旬九食(삼순구식): 서른 날에 아홉 끼니밖에 못 먹음.

② 桂玉之嘆(계옥지탄): 식량 구하기가 계수나무 구하듯이 어렵고, 땔감을 구하기가 옥을 구하기만큼 어려움.

※ 계옥지탄은 물가가 너무 비싼 것을 탄식한다는 뜻도 있음.

③ 男負女戴(남부여대): 남자는 지고 여자는 이고 감. 곧 가난한 사람들이 떠돌아다니며 사는 것을 말함.

37) 가혹한 정치

① 苛斂誅求(가렴주구): 세금을 너무 가혹하게 거두어들임.

② 泡烙之刑(포락지형): 잔혹하고 가혹한 형벌.

③ 塗炭之苦(도탄지고): 진구렁에 빠지고 숯불에 타는 고생.

38) 대大를 위해 소小를 희생함

① 先公後私(선공후사): 공적인 것을 앞세우고 사적인 것은 뒤로함.

② 大義滅親(대의멸친): 대의를 위해서 사사로움을 버림.

③ 見危致命(견위치명): 나라의 위태로움을 보고 목숨을 버림.

④ 滅私奉公(멸사봉공): 사를 버리고 공을 위해 희생함.

39) 향수鄕愁

① 首邱初心(수구초심): 여우가 죽을 때 머리를 저 살던 굴 쪽으로 향한다
는 뜻. 고향을 그리워하는 마음.

② 看雲步月(간운보월): 낮에는 구름을 보고 밤에는 달빛 아래를 거닌다
는 뜻. 고향을 그리워하는 마음.

40) 환경의 중요성

① 近墨者黑(근묵자흑): 먹을 가까이하면 검게 된다. 좋지 못한 사람과 가
까이하면 악에 물들게 됨.

② 三遷之敎(삼천지교): 맹자의 교육을 위하여 그 어머니가 세 번이나 집
을 옮긴 일. 교육에는 환경이 중요함.

③ 孟母三遷(맹모삼천): 맹모삼천지교孟母三遷之敎의 준말.

④ 橘化爲枳(귤화위지): 회단의 귤을 화북으로 옮기어 심으면 귤이 탱자
가 된다는 말. 환경에 따라 사물의 성질이 달라진다는 말.

41) 입장이 서로 뒤바뀜

① 本末顚倒(본말전도): 일의 원줄기를 잊고 사소한 일에 사로잡힘.

② 主客顚倒(주객전도): 입장이 서로 뒤바뀜.

42) 이제까지 없었던 일(사건)

① 前代未聞(전대미문): 이제까지 들어 본 적이 없는 일.

② 前人未踏(전인미답): 이제까지 아무도 발을 들여놓거나 도달한 사람이 없음.

③ 前無後無(전무후무): 전에도 없었고 앞으로도 없음.

④ 空前絶後(공전절후): 전에도 없었고 앞으로도 없음.

⑤ 未曾有(미증유): 지금까지 한 번도 있어 본 일이 없음.

43) 서로 모순됨

① 矛盾(모순): 창과 방패. 일의 앞뒤가 서로 안맞는 상태. 서로 대립하여 양립하지 못함.

② 自家撞着(자가당착): 같은 사람의 말이나 행동이 앞뒤가 맞지 아니함. 자기모순.

③ 二律背反(이율배반): 꼭 같은 근거를 가지고 정당하다고 주장되는 서로 모순되는 두 명제. 관계.

44) 시절이 무척 태평함

① 太平聖代(태평성대): 태평스런 시절.

② 康衢煙月(강구연월): 강구康衢의 거리 풍경(康衢는 지명임).

③ 鼓腹擊壤(고복격양): 배를 두드리며 흙덩이를 침. 곧 의식衣食이 풍족한 상황.

④ 擊壤老人(격양노인): 태평한 생활을 즐거워하여 노인이 땅을 치며 노래함.

45) 실속이 없음

① 虛張聲勢(허장성세): 실속이 없으면서 허세만 떠벌림.

② 虛禮虛飾(허례허식): 예절, 법식 등을 겉으로만 번드레하게 하는 일.

46) 후배나 제자가 선배나 스승보다 더 뛰어남

① 靑出於藍(청출어람): 제자가 스승보다 나은 것을 말함.

※ 이는 '청출어람이청어람靑出於藍而靑於藍(청색은 남색으로부터 나오지만, 남색보다 푸르다)에서 나온 말.

② 後生可畏(후생가외): '후배를 선배보다 더 두려워하라'는 뜻으로 공자孔子가 쓴 말.

47) 몹시 지루하거나 애타게 기다림

① 鶴首苦待(학수고대): 학의 목처럼 길게 늘여 고대함.

② 一日如三秋(일일여삼추): 하루가 삼 년 같다.

48) 학문과 관련된 성어

① 日就月將(일취월장): 날로 달로 나아감. 곧 학문이 계속 발전해 감.

② 刮目相對(괄목상대): 옛날 중국의 오吳나라의 노숙과 여몽 사이의 고사에서 나온 말로. 눈을 비비고 다시 보며 상대를 대한다는 뜻으로, 얼마 동안 못 보는 사이에 상대가 깜짝 놀랄 정도의 발전을 보임을 뜻함.

49) 독서와 관련된 성어

① 韋編三絶(위편삼절): 옛날에 공자가 주역을 즐겨 열심히 읽은 나머지 책을 맨 가죽끈이 세 번이나 끊어졌다는 데서 유래한 말로 책을 정독精讀함을 일컬음.

② 男兒須讀五車書(남아수독오거서): 당唐의 두보杜甫가 한 말로 남자라면 다섯 수레 정도의 책은 읽어야 한다는 뜻으로 책을 다독多讀함을 일컬음.

③ 晝耕夜讀(주경야독): 낮에는 밭을 갈고 밤에는 책을 읽음.

④ 三餘之功(삼여지공): 독서하기에 가장 좋은 '겨울. 밤. 음우陰雨'를 일컬음.

⑤ 汗牛充棟(한우충동): '짐으로 실으면 소가 땀을 흘리고, 쌓으면 들보에 가득 찬다'는 뜻으로 썩 많은 장서藏書를 이르는 말.

⑥ 博而不精(박이부정): 여러 방면으로 널리 아나 정통하지는 못함. 즉, '숲은 보되 나무는 보지 못함'.

⑦ 博而精(박이정): 여러 방면으로 널리 알 뿐만 아니라 깊게도 앎. 즉, '나무도 보고 숲도 봄'.

※ 박이부정博而不精은 다독多讀과 연관된 말이며 박이정博而精은 가장 바람직한 독서 방법이라 할 수 있다.

50) 나이와 관련된 성어

① 忠年(충년): 10대의 나이.

② 志學(지학): 15세.

③ 弱冠(약관): 20대의 나이.

④ 而立(이립): 30세.

⑤ 不惑(불혹): 40세.

⑥ 知天命(지천명): 50세.

⑦ 耳順(이순): 60세.

⑧ 古稀(고희): 70세. 두보의 한시 '곡강曲江'에 처음 보인 말.

  從心(종심): 70세. 논어. 종심소욕불유구從心所欲不踰矩.

⑨ 喜壽(희수): 77세.

⑩ 傘壽(산수): 80세.

⑪ 米壽(미수): 88세.

⑫ 白壽(백수): 99세.

51) 전쟁에서 유래한 성어

① 背水之陣(배수지진): "적과 싸울 때 강이나 바다를 등지고 친 진"이란 말로, 한신이 초나라의 군대와 싸울 때 사용한 진법에서 유래하여 목숨을 걸고 어떤 일에 대처하는 경우를 비유한 말이다.

② 乾坤一擲(건곤일척): 운명과 흥망을 걸고 단판걸이로 승부나 승패를 겨룸.

③ 捲土重來(권토중래): 한 번 실패하였다가 세력을 회복하여 다시 쳐들어옴.

④ 臥薪嘗膽(와신상담): 원수를 갚으려고 괴롭고 어려운 일을 참고 겪음. 옛날 오왕 부차가 섶 위에서 잠을 자면서 월왕 구천에게 패한 설움을 설욕하였고, 구천 역시 쓴 쓸개의 맛을 보면서 부차에게 다시 복수하였다는 데서 유래한 성어.

52) 소문과 관려된 성어

① 流言蜚語(유언비어): 아무 근거 없이 널리 퍼진 소문. 풍설. 떠돌아다니는 말.

② 道聽途說(도청도설): 길거리에 떠돌아다니는 뜬 소문.

③ 街談巷語(가담항어): 거리나 항간에 떠도는 이야기.

53) 애정과 관련된 성어

① 戀慕之情(연모지정): 사랑하여 그리워하는 정.

② 相思病(상사병): 남녀가 서로 몹시 그리워하여 생기는 병.

③ 相思不忘(상사불망): 서로 그리워하여 잊지 못함.

④ 同病相憐(동병상련): 같은 병의 환자끼리 서로 가엾게 여김. 처지가 비슷한 사람끼리 동정함.

54) 의리나 은덕을 저버림

① 背恩忘德(배은망덕): 은덕을 저버림.

② 見利忘義(견리망의): 이익을 보면 의리를 잊음.

55) 기쁨, 좋음과 관련된 성어

① 抱腹絶倒(포복절도): 배를 끌어안고 넘어질 정도로 몹시 웃음.

② 弄璋之慶(농장지경) 또는 弄璋之喜(농장지희): '장璋'은 사내아이의 장난감인 '구슬'이라는 뜻으로, 아들을 낳은 기쁨. 또는 아들을 낳은 일을 이르는 말.

③ 弄瓦之慶(농와지경) 또는 弄瓦之喜(농와지희): '와瓦'는 계집아이의 장난감인 '실패'라는 뜻으로, 딸을 낳은 기쁨을 이르는 말.

④ 錦上添花(금상첨화): 비단 위에 꽃을 놓는다는 뜻으로, 좋은 일이 겹침을 비유.

⑤ 多多益善(다다익선): 많을수록 더욱 좋음.

⑥ 拍掌大笑(박장대소): 손뼉을 치며 크게 웃음.

57) 슬픔과 관련된 성어

① 哀而不悲(애이불비): 속으로는 슬프지만, 겉으로는 슬픔을 나타내지
아니함. 김소월 '진달래꽃'의 사상.

② 哀而不傷(애이불상): 슬퍼하되 도를 넘지 아니함.

58) 비분(悲憤)과 관련된 성어

① 天人共怒(천인공노): 하늘과 땅이 함께 분노한다는 뜻으로, 같은 무리
의 불행을 슬퍼한다.

② 含憤蓄怨(함분축원): 분하고 원통한 마음을 품음.

③ 悲憤慷慨(비분강개): 슬프고 분한 느낌이 마음속에 가득 차 있음.

④ 切齒腐心(절치부심): 몹시 분하여 이를 갈면서 속을 썩임.

59) 무례와 관련된 성어

① 傍若無人(방약무인): 곁에 사람이 없는 것 같다는 뜻. 거리낌 없이 함
부로 행동함

② 眼下無人(안하무인): 방자하고 교만하여 사람을 모두 얕잡아 보는 것.

③ 回賓作主(회빈작주): 주장하는 사람의 의견을 무시하고 자기 마음대
로 함.

④ 厚顔無恥(후안무치): 뻔뻔스러워 부끄러워할 줄 모름.

⑤ 破廉恥漢(파렴치한): 염치를 모르는 뻔뻔한 사람.

⑥ 天方地軸(천방지축): 함부로 날뛰는 모양.

60) 불행과 관련된 성어

① 雪上加霜(설상가상): 눈 위에 서리가 덮인다는 뜻으로, 불행한 일이 거듭하여 겹침을 비유.

② 七顚八倒(칠전팔도): 일곱 번 넘어지고 여덟 번 거꾸러진다는 말로, 실패를 거듭하거나 몹시 고생함을 이르는 말.

③ 鷄卵有骨(계란유골): 달걀에도 뼈가 있다는 뜻으로, 운수가 나쁜 사람은 좋은 기회를 만나도 역시 일이 잘 안됨을 이르는 말.

61) 행복과 관련된 성어

① 前途有望(전도유망): 앞으로 잘 될 희망이 있음. 장래가 유망함.

② 風雲兒(풍운아): 좋은 기회를 타고 활약하여 세상에 두각을 나타내는 사람.

③ 遠禍召福(원화소복): 재앙을 물리쳐 멀리하고 복을 불러들임.

62) 출중出衆한 사람

① 群鷄一鶴(군계일학): 닭의 무리 가운데서 한 마리의 학이란 뜻. 여럿 가운데서 가장 뛰어난 사람.

② 棟梁之材(동량지재): 한 집안이나 한 나라의 기둥이 될 만한 훌륭한 인재.

③ 鐵中錚錚(철중쟁쟁): 평범한 사람 가운데서 특별히 뛰어난 사람.

④ 囊中之錐(낭중지추): 주머니 속의 송곳이란 뜻으로서 재능이 뛰어난 사람은 숨어 있어도 남의 눈에 띄게 됨을 이르는 말.

⑤ 泰斗(태두): 남에게 존경받는 뛰어난 존재. 태산북두泰山北斗의 준말.

⑥ 綺羅星(기라성): 밤하늘에 반짝이는 수많은 별. 즉. 실력자들이 늘어선 것을 비유하는 말.

63) 속담과 관련된 성어 I

① 得隴望蜀(득롱망촉): 말 타면 경마(말의 고삐) 잡히고 싶다. 농땅을 얻고 또 촉나라를 탐낸다는 뜻으로 인간의 욕심이 무한정함을 나타냄.

② 磨斧爲針(마부위침): 열 번 찍어 안 넘어가는 나무 없다. "도끼를 갈면 바늘이 된다"는 뜻으로 아무리 어렵고 험난한 일도 계속 정진하면 꼭 이룰 수가 있다는 말.

③ 登高自卑(등고자비): 천릿길도 한 걸음부터. 일하는 데는 반드시 차례를 밟아야 한다는 말.

④ 狐假虎威(호가호위): 원님 덕에 나팔 분다. 다른 사람의 권세를 빌어서 위세를 부림.

⑤ 金枝玉葉(금지옥엽): 불면 꺼질까 쥐면 터질까. 아주 귀한 집안의 소중한 자식.

⑥ 同族相殘(동족상잔): 갈치가 갈치 꼬리 문다. 동족끼리 서로 헐뜯고 싸움.

64) 속담과 관련된 성어 II

① 螳螂拒轍(당랑거철): 하룻강아지 범 무서운 줄 모른다. "사마귀가 수레에 항거한다"는 뜻으로 자기 힘을 생각하지 않고 강적 앞에서 분수없이 날뛰는 것을 비유한 말.

② 烏飛梨落(오비이락): 까마귀 날자 배 떨어진다. 아무 관계도 없는 일인데 우연히 때가 같음으로 인하여 무슨 관계가 있는 것처럼 의심을 받게 되는 것.

③ 咸興差使(함흥차사): 강원도 포수. 일을 보러 밖에 나간 사람이 오래도록 돌아오지 않을 때 하는 말.

④ 走馬加鞭(주마가편): 닫는 말에 채찍질하랬다. 잘하고 있음에도 불구하고 더 잘되어 가도록 부추기거나 몰아침.

⑤ 走馬看山(주마간산): 수박 겉핥기. 말을 타고 달리면서 산수를 본다는 뜻으로 바쁘게 대충 보며 지나감을 일컫는 말.

⑥ 矯角殺牛(교각살우): 빈대 잡으려다 초가삼간 태운다. 뿔을 바로잡으려다 소를 죽인다. 작은 일을 하려다 큰일을 그르친다는 뜻.

⑦ 牝鷄司晨(빈계사신): 암탉이 울면 집안이 망한다. 집안에서 여자가 남자보다 활달.

• 욕지 옥섬

실천하는 행복

본 책 제목이 '행복은 성적순이 아니다'로 아주 평범한 제목을 사용한 이유는, 알면서도 실천하지 않아 저자가 본 제목을 사용하게 된 것이다. 알면서도 실천하지 않는 것은 모르는 것이 더 나은 것임에도 앎과 실천을 분리하고 있는 교육을 저자는 이상하게 생각한다. 인성은 평가하지 않고 학습만 평가(성적)하는 속(지식)과 겉(실천)이 다른 표리부동한 교육이 이해되지 않는다.

행복은 자기 마음속에 있는데 군이 행복을 찾아 방황하지 말기 바라며, 또 성적이 바로 행복이 될 수 없음을 잊지 말기 바란다.

학생들이 일 년 내내 시험에서 좋은 성적을 유지하기 위해서 하고 싶은 것을 참아야 하는 것이 행복인지 즉, 학생들이 그때그때의 행복을 참고 좋은 성적을 위해서 성적에 대한 부담감으로 자나 깨나 공부해야 하는 것이 행복인지 생각해 보아야 한다.

학생들은 성공(출세)을 위해서 공부해야 한다는 말을 생각해 본다. 즉 성공(출세)이란 돈과 권력이 있으면 성공한 것인가 아니면 행복한 삶이 성공한 것인가를 생각해 보는 것이다. 돈과 권력은 삶의 수단이지 목표가 아니기 때문에, 저자는 후자가 성공한 것이라고 생각한다. 성공(출세)은 돈과 권력이 아니고 행복한 삶이므로 학생들은 행복한 삶을 위해 공부해야 한다. 돈과 권력이 있으면 좋겠지만 이것들이 없으면 어려운 일도 많겠지만, 무일푼의 거지에게도 마음먹기에 따라서 행복이 있듯이 이것들이 행복의 척도는 아니다. 저자가 개발지나 도시가 아닌 아름다운 곳(고향)에서 태어난 것은 복이다. 전화위복인가? 일자리나 저출산 등으로 발생되는 제반 문제점은 행복에 대한 잘못된 사고에 있다. 행복은 타인을 배려하면서 자신이 원하는 것을 하는 것이지 돈과 권력을   는 것이 행복은 아니다.

부모가 학생인 자식에게 하는 말 중 주로 '너를 위해서는 학생일 때 공부해야 한다.'고 말하며 부모는 자식이 공부할 것을 권한다. 여기서 부모의 말이 맞는 말인지 생각해 보기로 한다.

학생일 때 공부해야 한다는 말은 맞지만, 왜 공부해야 하는 것인지를 모르겠다. 아마 미래의 출세를 위해서 공부해야 한다고 말하는 것 같이 이에 대해 말하고자 한다. 저자는 미래보다는 지금의 행복이 더 중요하며, 단순히 부와 권력을 가지는 것만이 출세가 아니라고 생각한다. 따라서 부와 권력만을 갖기 위해 지금을 참는다는 것은 잘못이다. 적성에 맞지 않는 일을 하면서도 부와 권력을 가지는 것이 출세라고 생각하는 한 출세하기 위해 공부하는 학생에게는 행복(자유)이 있을 수 없다.

그리고 부와 권력을 가지는 것을 출세라고 생각하는 사회에서 자신만 적성에 맞는 하고 싶은 일을 한다는 것은 부와 권력을 가지는 출세를 불가하게 하여 사회에서 낙오될 가능성이 커지게 된다. 왜냐하면, 사회에서 말하는 출세를 위해서 자신은 노력하지 않았기 때문이다. 성적이 행복이 아니듯이 부와 권력을 가지는 것이 행복은 아니다.

여기서 자본주의 국가에서 돈은 자본이므로 출세한다는 것은 부를 가지는 것이라는 주장이 있어서 이에 대해 반론한다.

사람은 어느 국가에서나 행복하게 살아야 한다. 이 말은 자본주의국가와 공산주의 국가를 구별하지 않고 말하는 것이지 공산주의 국가를 옹호하는 것이 아니다. 즉, 행복한 생활이 어디 어느 곳에서나 실천되어야 한다는 것이다.

자본(돈)은 살아가는 데 있어서 반드시 필요한 것이지만, 삶의 목표는 돈이 아니다. 바꾸어 말하면 살아가지 않을 때는 돈이 필요 없게 된다. 죽은 사람이 돈을 가지고 가는 것인지 생각해 보라.

저자가 말하는 것은 돈보다는 행복이 중요하므로 행복이 우선되어야 한다는 것이지, 살아가는 데 있어서 돈이 필요하지 않다는 말은 아니다. 따라서 살아가는 우리에게 돈은 필요하겠지만 돈보다는 행복이 우선되어야 하며, 돈을 위해서 지금의 행복을 참는 것은 잘못이다.

학생일 때 공부해야 한다는 말은 공부하기 싫어하는 학생에게는 부담되는 말이다. 대부분의 학생은 공부하기 싫어하지만 공동생활해야 하는 자신의 행복을 위해서는 공부해야 한다. 공동생활을 전혀 하지 않을 것이라면 몰라도…. 그리고 공동생활은 일부가 하는 것이 아니므로 일부가 아닌 사회 전체의 부모들이 자식의 행복을 생각해야 한다. 저자가 말하는 내용과 같이 사회 전체가 자식의 행복을 바란다면 학생 간에 시험성적으로 비교될 수는 없겠지만, 일부만 자식의 행복을 생각한다면 타 학생은 시험 경쟁에서 낙오하게 될 것이다. 따라서 공평한 경쟁이 되기 위해서는 일부가 아닌 사회 전체가 행복을 실천하겠다는 의지를 가져야 한다.

사람은 살면서 잘 먹고 잘 살기 위해 공부하는 것이지 죽은 뒤에 잘 먹고 잘 살기 위해서 공부하는 것은 아니다. 즉, 살았을 때 돈은 필요하겠지만 죽은 뒤에는 돈도 권력도 필요하지 않은 것이며, 공부하는 이유는 돈이 아닌 자신의 행복을 위한 것이다. 물질(돈)을 중시하는 사고는 저출산·저고용·과잉경쟁 등 제반 사회적인 문제점을 양산해 왔으므로, 우리는 행복을 중시하는 사고로 변해야 한다.

위 부모의 말로 돌아가서, 부모는 자신의 입장에서 말하면서 정작 당사자인 자식의 입장을 무시하고 있다. 부모는 현재 자식(학생)의 행복이 무엇인지 생각해야 한다. 중·고등학교 학생이 된 자식이 코흘리개 시절의 어린 자식은 아니다.

아기는 잘 자야 잘 자라고 그래야 엄마도 편하다. 하지만 쉽지는 않다. 처음에 조금 안쓰러워도 그 과정을 거쳐야 엄마도 아이도 숙면의 길로 들어갈 수 있다. 엄마는 잠들지 못하고 긴긴밤을 지새우며 속상해할 필요는 없다. 시간이 조금 더 걸릴 뿐, 아이는 언젠가는 혼자서도 잘 자고 잘 자란다. 엄마가 섭섭할 정도로….

　행복은 성적순이 아니며 만족감에서 오는 것이다. 자신이 무엇에서 만족하느냐에 따라서 행복을 느낄 수도 있고 아닐 수도 있는 것이다. 사람마다 적성이 각기 다르므로 될 수 있으면 자신의 적성에 맞는 일(직업)을 선택해야 할 것이다.

　유명한 대학의 인기학과를 나와도 소규모 회사의 월급쟁이가 될 수도 있고, 고등학교만 나와도 우리 동네 횟집 사장처럼 일 년 매출액이 4억 원이 될 수도 있다. 자신이 설계한 자신의 인생에 행복을 찾는 것은 자신의 몫이지 남들이 정해놓은 기준(성적, 출세, 돈)에 자신의 행복을 맞추려고 한다면 결국 그 사람은 남에게 종속된 패배자가 될 뿐이다. 남의 기준이 아닌 자신의 기준에서 따라 만족을 추구하는 것이 중요하며, 이렇게 하여서 자신이 자신의 적성에 맞는 분야에서 만족을 느껴야 한다.

　중고등 학생때 연예계나 운동선수 또는 횟집 종업원으로 진출해서 자신이 그것에 만족하면 행복한 직장이지 성적 좋다고 남이 선호하는 곳에 진출하여 자신이 그것에 만족하지 못하고 근무하는 직장은 행복한 직장이라고 말할 수 없다.

　그러나 이러한 직장일지라도 자신의 마음에 따라 행복은 있기 마련임으로, 항상 긍정적인 생각으로 행복한 시간을 갖도록 해야 할 것이다.

자신의 꿈을 위해서 뒤늦게 공부하는 사람의 이야기를 소개한다. 이처럼 늦었다고 생각할 때가 빠른 때이므로 늦었다며 후회하지 말고 바로 시작하자.

"학부모는 뒤쪽으로 빠져주세요."하는 안내 교사의 한 마디에 수능 시험장에 도착한 늦깎이 수험생은 얼굴이 화끈거렸다. '이 나이에 수능이라니 어차피 정상은 아니잖아.'라며 애써 자신을 위로했다. 하기야 최근까지 열두 살 연하 '띠동갑' 대학생에게 구박받으며 수학 과외를 받던 생각을 하면 이런 건 아무것도 아니다. 벌써 2년째 이어진 직장인과 수험생의 '이중생활'. 올해는 결실을 얻을 수 있을까?

수능시험 응시자 중에는 또 다른 출발점에 선 이들도 적지 않다. 고교나 대학 졸업 후 10년 안팎의 세월이 흐른 뒤 다시 인생의 전환점에 선 늦깎이 수험생들이다. 이들은 의사나 한의사, 교사보다 안정적이고 풍족한 삶을 보장하는 직업을 위해 모험을 건 경우가 대부분이다. 어찌 보면 직장생활을 하면서, 또는 회사를 그만두고 제2의 인생을 준비하는 '공시(공무원시험)족'이나 '고시족'과 비슷하다. 새로운 인생을 위해 대학입시라는 '리셋 버튼'을 누를 것이다

40대만 돼도 '퇴물' 취급을 받는 선배들의 모습은 더는 남의 일이 아니었다. '이러다 결국 치킨집을 차리겠구나.'라는 생각이 들자 그는 새 인생을 도모하기로 했다. 한의사가 꿈인데 수능을 다시 보는 것 말고는 한의사가 될 방법이 없어 수능을 보기로 한 것이다. 그래도 예전 한번 치렀

던 시험이니 자신감은 있었다. 처음 도전했던 지난해 월 100만 원 이상을 족집게 과외, 독서실, 온라인 강좌, EBS 교재비 등에 썼지만, 결과는 좋지 못했다. 이번에도 안되면 회사를 그만두고 제대로 승부를 봐야 할지 고민 중이다.

어떤 이의 목표는 의사이다. 이분은 20대 중반 나이에 직업군인으로 전역했으나, 일반 기업에 취직하자니 나이도 많은 편이라 따로 진로가 보장되는 것은 없었다. 막노동, 공인중개소, 웨이터, 대기업의 협력업체, 조선소 등 10여 곳을 옮겨 다니다 보니 어느 순간 지금까지의 경력으로는 평생 다닐 만한 직장을 찾기가 쉽지 않겠다고 생각하여 서른이 되기 전에는 반드시 수능에 합격하여 의사 공부를 할 수 있게 되기를 결정하였다.

중견 건설사 7년 차 대리는 회사에 사직서를 냈다. 결정적인 계기는 지난해 정신과 치료를 받았던 일이다. 어느 순간부터 회사에서 회의해도 집중이 안 되고 멍하게 있는 시간이 늘어난 것이다. 의사는 뇌의 전두엽이 쉴 시간을 주지 않아서 생긴 증상이라며, 무조건 휴식이 필요하다는 것이다. 중요한 프로젝트로 인해 석 달 동안 새벽부터 출근해 야근과 주말근무까지 이어진 강행군의 결과였다. 이 분은 이렇게 되면서 정년퇴직도 보장받지 못하니 예전에 꿈이었던 교사가 되는 게 어떨까 싶었다. 3년 전 결혼해 아이까지 있는 형편이라 결심하기는 쉽지 않았지만, "오랜 시간 고민했던 만큼 후회는 없다."고 말했다. 그래도 나이가 걸리긴 했다. 2년 내에 합격하고 4년간 학교에 다니면 빨라야 마흔에나 취업할 수 있다. 교사가 꿈인 그는 "그래도 교사의 정년이 길고 20년 이상 근무 후 받는 연금을 감안하면 이 길이 더 나은 선택이라고 봤다."고 말한다. 그는 "가끔 이전 직장이 6개월의 휴직만 보장해줄 수 있는 곳이었다면 과연 이런 선택을 할 필요가 있었을까 하는 생각도 든다."며 "근무 여건이 좋아져 다닐 만한 회사가 많아진다면 젊은이들이 다시 수험생으로 돌아가는 경우도 줄어들지 않을까 싶다."고 말했다.

국내 대기업의 현장직으로 근무하는 젊은이가 첫째, 승진체계가 잘되어 있고 둘째, 대기업이라서 월급이 밀리지 않고 셋째, 경력에 도움이 되어 버티고 있지만, 일이 너무 고되고 적성에 맞지 않아서 직장을 그만두고 싶어 글을 올려보니, 요새 대졸이나 고졸이나 취업하기 힘드니까 전문성을 몇 년간 더 쌓아서 이직하라는 것이었다. 즉, 힘들어도 꾹 참고 지내라는 것이다. 그리고 어떤 사람은 젊다는 건 큰 재산이고 무한한 가능성이 있으므로, 진정 적성에 안 맞고 너무 힘들면 그만두고 여행 다니면서 견문을 늘리라고도 말했다. 젊으니까 퇴사하고 도전해 보자고 작심했지만, 큰 걱정은 우리 집도 그렇고 자신이 쓸 돈이라도 벌어야 할 것 같고 또 재취업할 때는 어떻게 해야 하는가 등이 어려워서 쉽게 그만두지 못한다고 했다. 20대 임금근로자 중 절반가량은 취업 후 1년 안에 일자리를 옮기는 것으로 나타났으며, 관계자는 "20대는 대학을 졸업하고 취업 전선에 뛰어드는 연령대이지만 처음부터 안정적인 일자리를 잡지 못해 일단 취직하고 본 뒤 이직하는 측면도 있다."고 설명한다. 여러분은

이 젊은이가 어떻게 하는 것이 좋을 것이라고 생각하는가?

대부분 취직한 젊은이들의 고민이므로 저자의 생각을 말한다면, 먼저 본인의 행복을 생각한 후 결정해야 할 것이다. 물론 행복은 타인(가족)을 배려해야 하지만, 이가 없으면 잇몸을 사용하게 되듯이 가족이 버티기 어려울 것으로 판단하는 것은 잘못이며, 이는 가족을 무력화하는 것이다. 자신 쓸 돈 걱정하는 것은 재취업할 걱정 없이 지내겠다는 심산과 같은 것이므로, 재취업할 것이라면 자신이 쓸 돈을 걱정하지 말고, 당분간만은 가족을 믿어야 할 것이다. 자신의 행복이 가족의 행복이다. 다음에 적성에 안 맞는 직장이라면 어떠한 어려움을 극복해서라도 자신의 적성에 맞는 직장에 재취업해야 한다. 직장은 평생 근무할 곳임에도 적성에 맞지 않는 일을 하면서 평생을 하고 싶은 일을 하지 못하고 지낸다는 것은 불행이다. 마지막으로 군대를 아직 다녀오지 못한 젊은이들은 군에 다녀와서 재취업을 생각해 보아도 된다. 군화가 발에 안 맞으면 발을 군화에 맞추라는 등 군인정신이라면 불가한 것이 없다. 군대를 다녀온 젊은이들도 마찬가지이지만 성장 가능성보다는 자신에게 행복한 직장이 어느 곳인지 숙고해야 한다.

실패를 두려워하지 말고 도전하는 '도전정신'을 갖자. 계속하던 일에 안주하는 것보다는 자신이 원하는 새로운 일에 도전하여 설레는 흥미를 느끼면서 새로운 일을 실천하는 것이 행복이다. 돈과 지위의 성장보다는 자신의 행복이 우선이다.

고등학교를 졸업하면 대학은 성적순으로 입학하게 되는 것이만, 대학 졸업 여부와 행복 여부는 각기 다른 것이다. 성적이 좋으면 출세(?)할 확률은 높게 되겠지만, 출세가 곧 행복을 보장하는 것은 아니다. 행복은 자신이 원하는 것을 자유롭게 하는 것이지 타인의 눈치를 살펴보고 하는 것이 아니다. 그러나 현재의 출세는 자유가 더 없어지는 상태를 말하는 것 같다. 자유 없는 우리 안의 호랑이가 행복할 수 있을까. 성적 나쁘다고 유원지 등의 출입을 제한하는 곳은 아무 데도 없다.

우리나라 청소년들의 하루 공부시간은 7시간 50분으로 경제협력개발기구(OECD) 회원국 중 우리나라가 최고의 수준이다. 이는 영국 3시간 49분에 비해 4시간 1분이나 긴 것으로 2배의 수준이며, 미국, 일본, 독일, 스웨덴 등 주요국들의 청소년 공부시간은 5시간 안팎이다.

이런 과도한 공부량에 비해 우리나라 청소년들의 삶의 만족도는 OECD 회원국 중 최하위 수준이다. 공부량이 많은 것이 우리나라 청소년들에게 행복을 주는 것은 아니다. 우리나라 청소년들이 초등학교 졸업 후 중학교에 들어가면서 삶에 대한 만족도가 떨어지게 하여서는 안 된다. 즉 중학생이 되면서 본격적으로 성적에 대한 압박을 받기 시작하고, 학업 시간이 늘어나는 대신 여가 활동이 줄어드는 등 삶이 안데가 번히 되게 하여서는 안 된다.

청소년들에게 여가·문화·오락활동을 보장할 것을 말하기 이전에 성적으로 평가하고 있는 현 사회(입시)환경부터 인성으로 평가하는 사회환경이 되도록 하여야 청소년들이 성적에 대한 부담감 없이 여가·문화·오락활동을 할 수 있게 될 것이다.

　어떤 사람이 어려운 사법고시에 합격하였다고 가정할 경우, 그 사람은 그동안 얼마나 행복했을지 또 합격한 이후 지금은 얼마나 행복할지를 생각해 보아야 한다. 저자는 어떤 높은 자리의 사람을 가까이서 도와준 적이 있다. 누구나 스트레스가 있기 마련이지만, 높은 자리의 사람과 낮은 자리의 사람이 느끼는 스트레스의 강도는 다르다.

　어려운 사법고시 등에 합격한 사람과 그렇지 않은 사람과의 행복을 비교하여 보면,

　첫째 사법고시에 합격하기 위해 여가·문화·오락을 즐길 수도 없었던 그 사람은 합격하였으니 불합격한 사람들보다는 행복하다고 하겠지만, 사법고시를 준비하지 않은 다른 사람에 비해서는 불행하다. 왜냐하면, 사법고시 준비를 위해 그동안 시험에 대한 부담감 없이 여가·문화·오락을 즐길 수 없었을 테니까.

　다음에 합격 후에도 업무처리에 대해 다른 사람보다 행복하였을까? 아니다. 합격 후에는 동일한 내용의 스트레스일지라도 다른 사람이 받는 강도의 스트레스보다도 더 많은 스트레스를 받으면서 생활하였을 테니까.

　행복에는 성적이 없으며, 자신이 좋아하는 곳에서 흐뭇함과 만족을 느끼는 것이 행복이다. 어느 사람에게나 웃고 우는 사건이 연속되지만, 그중에서도 자신이 선호하는 일을 하면서 웃을 수 있는 일이 더 많게 해

야 할 것이다. 웃는다는 것은 천진하고 맑게 웃는 것을 말하는 것이지 근엄한 표정으로 웃는 것(미소?)을 말하는 것이 아니다.

만약 좋아하는 일이 없다(?)면, 그 일을 좋아할 수 있는 일(생각)로 만들어서라도 그 일을 웃으면서 하자. 웃으면 복이 온다. 달리는 승용차 밖에서 안으로 불어오는 고속도로의 싱그러운 바람이나 국도에서 만나는 이름 모를 여러 꽃을 보는 것 등 사소한 시간도 생각하기에 따라서는 행복한 시간이다.

행복은 자신의 마음속에 있고 실천 없는 지식知識은 무지無知임을 잊지 말기 바라며, 또 아래의 사자성어 내용(가나다순)을 절대 잊지 말고 생활하여 무지無知한 사람이 되지 말자.

- 家家戶戶(가가호호): 집집마다.
- 刻骨難忘(각골난망): 은덕을 입은 고마운 마음이 마음 깊이 새겨져 잊혀지지 아니함.
- 街談巷設(가담항설): 길거리나 항간에 떠도는 소문.
- 苛斂誅求(가렴주구): 강제로 개물은 빼앗음.
- 迦陵頻伽(가릉빈가): 얼굴이 미인이고 소리가 아름다워 싫증이 나지 않는다 함.
- 刻舟求劍(각주구검): 어리석고 융통성이 없음.
- 奸臣賊子(간신적자): 간사한 신하와 불효한 자식. 비—난신적자亂臣賊子.

- 感慨無量(감개무량): 아무 말도 하지 못할 정도로 가슴 가득히 절실히 느끼는 것.

- 甘言利說(감언이설): 남의 비위에 맞게 달콤한 말로 꾀는 말.

- 甘呑苦吐(감탄고토): 신의를 지키지 않고 자기 마음에 맞으면 갖고 싫으면 버림.

- 甲男乙女(갑남을녀): 보통 사람들.

- 康衢煙月(강구연월): 태평한 시대의 평화로운 풍경.

- 改善匡正(개선광정): 좋도록 고치고 바로잡음.

- 去頭截尾(거두절미): 머리와 꼬리를 잘라 버림. 곧 요점만을 말함.

- 乾坤一擲(건곤일척): 흥망 성패를 걸고 단판 싸움을 함.

- 格物致知(격물치지): 사물의 이치를 규명하여 자기의 지식을 확고하게 함.

- 牽强附會(견강부회): 이치에도 맞지 않는 것을 억지로 끌어다 붙임.

- 犬馬之勞(견마지로): 임금이나 나라에 충성을 다하는 노력. 자기의 노력을 겸손하게 일컫는 말.

- 犬馬之誠(견마지성): 정성을 낮추어 일컫는 말.

- 見利忘義(견이망의): 이익을 보면 의리를 잊음.

- 見利思義(견이사의): 눈앞에 이익이 보일 때 의리를 생각함.

- 結草報恩(결초보은): 죽어서라도 은혜를 갚음.

- 傾國之色(경국지색): 나라의 운명을 위태롭게 할 만한 절세의 미인.

- 敬而遠之(경이원지): 겉으로는 공경하는 체하면서 속으로는 멀리함.

- 敬天勤民(경천근민): 하나님을 공경하고 백성을 다스리기에 부지런함.

- 鷄鳴狗盜(계명구도): 작은 재주가 뜻밖에 큰 구실을 함.

- 股肱之臣(고굉지신): 임금이 가장 믿고 중히 여기는 신하.

- 膏粱珍味(고량진미): 맛있는 음식.

- 姑息之計(고식지계): 당장의 편안함만을 꾀하는 일시적인 방편.

- 孤掌難鳴(고장난명): 혼자서 할 수 없고 협력해야 일이 이루어짐.

- 苦盡甘來(고진감래): 괴로움이 다하면 즐거움이 옴.

- 曲學阿世(곡학아세): 정도를 벗어난 학문으로 세상 사람에게 아첨하는 것.

- 骨肉相爭(골육상쟁): 부자 형제끼리 싸움.

- 過猶不及(과유불급): 정도를 지나치면 미치지 못한 것과 같음.

- 管鮑之交(관포지교): 우정이 깊은 사귐.

- 刮目相對(괄목상대): 남의 학식이나 재주가 갑자기 느는 것을 보아 인식을 새롭게 함.

- 矯角殺牛(교각살우): 작은 일로 인해 큰일을 그르침.

- 巧言令色(교언영색): 교묘한 말과 아첨하는 얼굴빛.

  群鷄一鶴(군계일학): 평범한 사람 가운데서 뛰어난 사람을 이름.

- 捲土重來(권토중래): 한번 패한 자가 힘을 돌이켜 전력을 다하여 다시 쳐들어옴.

- 近墨者黑(근묵자흑): 악한 사람을 가까이하면 그 버릇에 물들기 쉬움.

- 金科玉條(금과옥조): 몹시 귀중한 법칙이나 규정.

- 金蘭之契(금란지계): 친구 사이의 우애가 두터움.

- 錦上添花(금상첨화): 좋은 일이 겹침.

- 琴瑟之樂(금슬지락): 부부간의 사이가 좋은 것.

- 錦衣還鄉(금의환양): 출세하여 고향에 돌아옴.

- 金枝玉葉(금지옥엽): 자손을 소중히 여겨 일컫는 말.

- 落花流水(낙화유수): 낙화에 정이 있으면 유수 또한 정이 있어 그것을 띄워서 떠내려 보낸다는 뜻. 남녀 사이에는 서로 생각하는 정이 있다는 것을 비유.

- 爛商討論(난상토론): 여러 사람이 모여 자세하게 충분히 토의함.

- 亂臣賊子(난신적자): 나라를 어지럽게 하는 신하와 부모에게 불효하는 못된 자식.

- 暖衣飽食(난의포식): 따뜻하게 입고 배불리 식사하는 만족한 살림살이.

- 難兄難弟(난형난제): 형인지 아우인지 분간하기 어려움.

- 南柯一夢(남가일몽): 한 때의 헛된 부귀.

- 南橘北枳(남귤북지): 양자강 남쪽의 맛있는 귤도 강북에 옮겨 심으면 먹을 수 없는 탱자가 되어 버린다는 뜻으로 사람은 거소居所에 따라 그 환경의 지배를 받아 악하게도 되고 착하게도 된다는 뜻.

- 男負女戴(남부여대): 남자는 짊어지고 여자는 이고. 가난한 사람들이 떠돌아다니면서 사는 것.

- 內憂外患(내우외환): 나라 안팎의 근심 걱정 또는 일반적으로 안팎에 고민거리가 끊이질 않음의 비유.

- 內柔外剛(내유외강): 사실은 마음이 부드러운데 겉으로 나타나는 태도가 강하게 보임.
- 老少不定(노소부정): 사람의 수명은 정해져 있지 않아 언제 죽을지 알 수 없다고 하는 것.
- 勞心焦思(노심초사): 마음을 태우며 괴롭게 염려함.
- 綠陰防草(녹음방초): 우거진 나무 그늘과 꽃다운 풀이라는 뜻으로 여름철을 가리키는 말.
- 綠衣紅裳(녹의홍상): 연두저고리에 다홍치마. 곧 젊은 여자의 곱게 치장한 복색.
- 論功行賞(논공행상): 공적의 유무 대소를 논결하여 각각 알맞은 상을 주는 일.
- 累卵之勢(누란지세): 몹시 위태로운 형세.
- 多事多難(다사다난): 여러 가지 일이 많은 데다 어려운 일도 많음. 비-내우외환內憂外患.
- 多情佛心(다정불심): 다정다감하고 착한 마음.
- 單刀直入(단도직입): 혼자서 칼을 휘두르고 거침없이 적진으로 쳐들어감.
- 簞食瓢飮(단사표음): 변변치 못한 살림.
- 丹脣皓齒(단순호치): 붉은 입술과 하얀 치아. 썩 아름다운 여자를 비유. 비-명모호치明眸皓齒.

- 黨同伐異(당동벌이): 옳고 그름을 가리지 않고 뜻이 맞는 사람들끼리는 한패가 되고 그렇지 않은 사람은 배척. 정치 또는 회사 등의 단체에서 보이는 형태.

- 螳螂拒轍(당랑거철): 제 분수도 알지 못하고 강적에게 반항함.

- 大喝一聲(대갈일성): 분별이 없음을 주의하기 위해 큰소리로 한방 꾸짖는 것.

- 大器晩成(대기만성): 크게 될 인물은 오랜 공적을 쌓아 늦게 이루어짐.

- 大同小異(대동소이): 조금 차이는 있지만 대충 같은 것.

- 大逆無道(대역무도): 심히 인륜人倫에 거역하는 악역惡逆한 행위.

- 對牛彈琴(대우탄금): 소를 대하고 거문고를 뜯는다는 뜻으로 어리석은 사람에게 깊은 이치를 말해 주어도 소용이 없다는 말.

- 大義名分(대의명분): 인간으로서 지켜야 할 절의와 분수. 떳떳한 명목. 정당한 명분. 방침으로써 표면상 내건 목적이나 이유.

- 大慈大悲(대자대비): 넓고 커서 가이 없는 자비. 부처의 광대무변한 자비.

- 徒勞無益(도로무익): 애만 쓰고 이로움이 없음.

- 塗聽塗說(도청도설): 뜬소문.

- 獨守空房(독수공방): 부부가 서로 사별이나 별거하여 여자가 남편 없이 혼자 지내는 것을 말함.

- 獨也靑靑(독야청청): 홀로 푸르다는 말로 홀로 높은 절개를 드러내고 있음을 나타냄.

- 同價紅裳(동가홍상): 같은 값이면 품질(다홍치마)이 좋은 것을 택함.

- 洞房華燭(동방화촉): 혼례를 치른 뒤에 신랑이 신부 방에서 자는 일. 동방洞房은 안방 부인의 방. 규방. 화촉華燭은 화촉花燭이라고도 쓴다.

- 棟梁之材(동량지재): 훌륭한 인재.

- 東問西答(동문서답): 묻는 말과는 딴소리.

- 東奔西走(동분서주): 부산하게 이리저리 돌아다님.

- 同床異夢(동상이몽): 두 사람이 같은 잠자리에 자면서 각기 다른 꿈을 꾼다. 같은 처지에 있는 듯하면서도 생각이 틀림.

- 杜門不出(두문불출): 세상과 인연을 끊고 출입을 하지 않음.

- 燈下不明(등하불명): 가까이 있는 것을 모름.

- 燈火可親(등화가친): 가을밤은 등불을 가까이하여 글을 읽기에 좋은 계절. 곧 가을을 말한다.

- 麻姑搔痒(마고소양): 일이 뜻대로 되는 것. 마고麻故는 중국의 전설상의 선녀로 손톱이 새 발톱처럼 길어 등 뒤 가려운 곳을 매우 잘 긁었다 한다.

- 馬耳東風(마이동풍): 말을 귀담아듣지 않고 흘려버림.

- 莫無可奈(막무가내): 어쩔 도리가 없음.

- 莫逆之友(막역지우): 거역할 수 없는 친한 벗.

- 萬頃蒼波(만경창파): 한없이 넓고 넓은 바다.

- 滿身瘡痍(만신창이): 온몸이 상처투성이가 됨. 어떤 사물이 엉망진창이 됨.

- 萬彙群象(만휘군상): 우주의 많은 형상.

- 茫然自失(망연자실): 정신이 나가서 흐리멍덩한 모양. 망然은 맥이 빠져서 몽롱해 있는 모양.

- 望雲之情(망운지정): 부모를 그리는 마음.

- 孟母三遷(맹모삼천): 어린이 교육에는 기르는 환경도 중요하다고 하는 것.

- 麥秀之嘆(맥수지탄): 고국의 멸망을 한탄함.

- 明鏡止水(명경지수): 고요하고 잔잔한 마음.

- 面從腹背(면종복배): 앞에서는 순종하는 듯 뒤에서는 딴 마음.

- 滅私奉公(멸사봉공): 사를 버리고 공을 위하여 힘써 일함.

- 名實相符(명실상부): 이름과 실상이 서로 부합함.

- 明若觀火(명약관화): 불을 보듯이 훤함.

- 命在頃刻(명재경각): 죽게 되어서 목숨이 곧 넘어갈 지경에 이름.

- 目不忍見(목불인견): 차마 눈 뜨고 볼 수 없는 참상이나 꼴불견.

- 目不識丁(목불식정): 낫 놓고 기역 자도 모름.

- 無念無想(무념무상): 무아의 경지에 들어가 아무것도 생각하지 않는 것. 또는 그 심경.

- 武陵桃源(무릉도원): 속세를 떠난 별천지.

- 無爲徒食(무위도식): 아무것도 하는 일 없이 먹기만 함. 놀고먹음.

- 無人之境(무인지경): 사람이라고는 전혀 없는 곳이라는 말로 아무 거칠 것이 없는 판.

- 刎頸之交(문경지교): 목이 잘리는 일이 있어도 변치 않고 사귀는 친한 사이.
- 文房四友(문방사우): 종이·붓·먹·벼루를 함께하는 필방.
- 物外閒人(물외한인): 세상의 시끄러움에서 벗어나 한가하게 지내는 사람.
- 微官末織(미관말직): 지위가 아주 낮은 벼슬.
- 美辭麗句(미사여구): 아름다운 말로 꾸민 듣기 좋은 글귀. 외관만을 꾸민 성의 없는 말.
- 密雲不雨(밀운불우): 여건은 조성됐으나 일이 성사되지 않아 답답함과 불만이 폭발할 것 같은 상황을 뜻한다.
- 反哺之孝(반포지효): 자식이 자라서 부모를 봉양함.
- 拔本塞源(발본색원): 폐단이 되는 근원을 아주 뽑아버림.
- 傍若無人(방약무인): 제 세상인 듯 함부로 날뜀.
- 背水之陣(배수지진): 필승을 위하여 목숨을 걸고 싸움.
- 背恩忘德(배은망덕): 은혜를 저버림.
- 百年河淸(백년하청): 아무리 기다려도 사태가 바로잡히기 어려움.
- 百年偕老(백년해로): 부부가 화합하여 함께 늙도록 살아감.
- 百折不屈(백절불굴): 백번을 꺾어도 굽히지 않음.
- 百尺竿頭(백척간두): 위태롭고 어려운 지경에 이름.
- 附和雷同(부화뇌동): 주관 없이 남들의 언쟁에 덩달아 쫓음.
- 北窓三友(북창삼우): 거문고와 술을 일컫는 말.
- 不問曲直(불문곡직): 옳고 그름을 묻지 않고 막무가내로 대드는 일.

- 不撤晝夜(불철주야): 밤과 낮.

- 不恥下問(불치하문): 아래 사람한테 묻기를 부끄러워하지 않음.

- 四顧無親(사고무친): 의지할 친척 없이 외로움.

- 四面楚歌(사면초가): 사방이 적에게 휩싸여 꼼짝달싹할 수 없는 처지.

- 砂上樓閣(사상누각): 기초가 튼튼치 못하여 오래가지 못할 일.

- 事必歸正(사필귀정): 무슨 일이든 결국 옳은 이치대로 돌아감.

- 山紫水明(산자수명): 산수의 경치가 좋음.

- 殺身成仁(살신성인): 목숨을 걸고 옳은 일을 이룸.

- 三日遊街(삼일유가): 과거에 급제한 사람이 사흘 동안 온 거리를 돌아다님.

- 桑田碧海(상전벽해): 세상일이 덧없이 바뀜.

- 塞翁之馬(새옹지마): 세상일은 복이 될지 화가 될지 알 수 없음.

- 胥動浮言(서동부언): 거짓말을 퍼트려 인심을 선동함.

- 雪上加霜(설상가상): 불행한 일이 거듭 겹침.

- 纖纖玉手(섬섬옥수): 가냘프고 고운 여자의 손.

- 束手無策(속수무책): 방법이 없음.

- 送舊迎新(송구영신): 묵은해를 보내고 새로운 해를 맞이함.

- 首邱初心(수구초심): 고향을 그리는 마음.

- 袖手傍觀(수수방관): 구경만 하는 것.

- 脣亡齒寒(순망치한): 가까운 사람이 망하면 다른 사람도 영향을 받음.

- 是是非非(시시비비): 옳고 그름을 밝힘.

- 識字憂患(식자우환): 학식이 도리어 근심을 가져옴.

- 神出鬼沒(신출귀몰): 자유자재로 출몰하여 그 변화를 헤아릴 수 없음.

- 十匙一飯(십시일반): 여러 사람이 한 사람 구하기는 쉽다.

- 我田引水(아전인수): 자기만을 이롭게 함.

- 安貧樂道(안빈낙도): 가난함에도 편한 마음으로 도를 즐김.

- 羊頭狗肉(양두구육): 그럴듯하게 내세우나 속은 까마귀.

- 梁上君子(양상군자): 도둑을 점잖게 일컫는 말.

- 漁父之利(어부지리): 둘이 다투는 중에 제삼자가 득을 봄.

- 言中有骨(언중유골): 예사로 하는 말에 가시가 있다.

- 易地思之(역지사지): 처지를 바꾸어 생각함.

- 緣木求魚(연목구어): 이루지 못할 일을 무리하게 이루려고 함.

- 五里霧中(오리무중): 도무지 알 수 없다.

- 寤寐不忘(오매불망): 늘 잊지 못함.

- 烏飛梨落(오비이락): 시간의 일치로 남의 혐의를 받기 쉬움.

- 傲霜孤節(오상고절): 굽히지 않는 절개.

- 溫故知新(온고지신): 옛것을 익혀 새로운 것을 배운다.

- 優柔不斷(우유부단): 줄에 줄 탄 듯, 줄에 줄 탄 듯.

- 臥薪嘗膽(와신상담): 원수를 갚기 위하여 고생을 참고 견딤.

- 搖之不動(요지부동): 흔들어도 꼼짝하지 않는다.

- 龍頭蛇尾(용두사미): 끝이 없다는 말.

- 龍蛇飛騰(용사비등): 용이 살아 움직이듯 매우 활기있게 잘 쓴 글씨.

- 牛耳讀經(우이독경): 아무리 말을 하여도 헛수고. 소귀에 경 읽기.
- 雲上氣稟(운상기품): 속됨을 벗어난 고상한 기질과 성품.
- 類萬不同(유만부동): 모든 것이 일치하지 않음.
- 類類相從(유유상종): 끼리끼리 사귐.
- 隱忍自重(은인자중): 견디고 참는다.
- 以實直告(이실직고): 사실대로 알려라.
- 以心傳心(이심전심): 말을 하지 않더라도 서로 통한다.
- 一擧兩得(일거양득): 하나의 행동으로 두 가지 득을 봄.
- 一步不讓(일보불양): 남에게 한 걸음도 양보치 않는다.
- 一瀉千里(일사천리): 조금도 거침없이 줄달음.
- 有備無患(유비무환): 미리 준비하면 나중에 근심이 없다.
- 一場春夢(일장춘몽): 허무한 봄 꿈.
- 日就月將(일취월장): 나날이 진보함.
- 一筆揮之(일필휘지): 한숨에 글씨나 글을 씀.
- 自家撞着(자가당착): 앞뒤가 서로 어그러져 맞지 않음.
- 自强不息(자강불식): 스스로 힘쓰고 쉬지 않음.
- 自繩自縛(자승자박): 말이나 행동으로 자기가 얽혀 들어감.
- 作心三日(작심삼일): 계속되지 못함.
- 張三李四(장삼이사): 평범한 인물들.
- 賊反荷杖(적반하장): 잘못한 자가 잘못한 사실을 뉘우치기는커녕 도리어 큰 소리.

- 轉禍爲福(전화위복): 화가 바뀌어 복이 됨.

- 切磋琢磨(절차탁마): 학문과 기술을 닦음.

- 頂門一鍼(정문일침): 간절하고 따끔한 충고.

- 朝令暮改(조령모개): 일을 자주 변경함.

- 朝三暮四(조삼모사): 간사한 꾀로 사람을 농락함.

- 主客顚倒(주객전도): 입장이 뒤바뀜.

- 晝耕夜讀(주경야독): 낮에는 일하고 밤에는 책을 읽는다.

- 走馬看山(주마간산): 바빠서 자세히 보지 못하고 지나침.

- 竹馬故友(죽마고우): 어렸을 적부터 친하게 지낸 벗.

- 衆寡不敵(중과부적): 적은 사람으로는 많은 사람을 이기지 못함.

- 衆口難防(중구난방): 여러 사람의 말을 막을 수 없다.

- 指鹿爲馬(지록위마): 웃 사람을 농락하여 권세를 마음대로 함.

- 知足不辱(지족불욕): 분수를 아는 이는 욕되지 않는다.

- 指呼之間(지호지간): 부르면 곧 대답할 수 있는 가까운 거리.

- 進退維谷(진퇴유곡): 가지도 오지도 못할 곤경에 빠짐.

- 滄海一粟(창해일속): 큰 물건 속에 작은 물건.

- 天方地軸(천방지축): 함부로 넘벙거림.

- 天衣無縫(천의무봉): 문장이 훌륭하여 손댈 곳이 없을 만큼 잘 됨.

- 千載一遇(천재일우): 다시 얻기 어려운 좋은 기회.

- 靑出於藍(청출어람): 제자가 스승보다 낫다.

- 寸鐵殺人(촌철살인): 짧은 말로 어떤 일의 급소를 강타. 사람에게 크게 감동을 줌.

- 忠言逆耳(충언역이): 충고하는 말은 귀에 거슬림.

- 置之度外(치지도외): 버려두고 상대하지 않는다.

- 七顚八起(칠전팔기): 여러 번의 실패도 굽히지 않고 노력함.

- 七顚八倒(칠전팔도): 어려운 고비를 많이 겪음.

- 針小棒大(침소봉대): 과장해서 일컬음.

- 他山之石(타산지석): 타인의 하찮은 언행일지라도 자기의 도를 닦는 데 도움됨.

- 卓上空論(탁상공론): 실현성 없는 일.

- 貪官汚吏(탐관오리): 탐욕이 많고 마음이 깨끗지 못한 관리.

- 泰山北斗(태산북두): 남에게 존경을 받는 뛰어난 존재.

- 破竹之勢(파죽지세): 세력이 강하여 막을 수 없는 세력.

- 弊袍破笠(폐포파립): 너절하고 구차한 차림.

- 風樹之嘆(풍수지탄): 부모가 돌아가신 후에 효도치 못한 것을 후회함.

- 風前燈火(풍전등화): 바람 앞의 등불.

- 匹夫匹婦(필부필부): 평범한 사람들.

- 鶴首苦待(학수고대): 몹시 고대함.

- 虛張聲勢(허장성세): 허세를 부림.

- 螢雪之功(형설지공): 애써 공부한 보람.

- 好事多魔(호사다마): 좋은 일에는 흔히 장애물이 들기 쉬움.

- 浩然之氣(호연지기): 도의에 근거를 두고 굽히기는커녕 흔들리지 않는 바른 마음.
- 呼兄呼弟(호형호제): 형제처럼 가까운 사이.
- 惑世誣民(혹세무민): 세상을 어지럽히고 백성을 속이는 것.
- 昏定晨省(혼정신성): 부모님을 정성껏 보살펴 드림.
- 畵龍點睛(화룡점정): 사물의 핵심.
- 換骨奪胎(환골탈태): 타인의 글 취지를 따르되 그 형식을 달리하여 자기 작품처럼 만듦.
- 膾炙人口(회자인구): 사람들에게 널리 알려져 입에 오르내리고 찬양받음.
- 會者定離(회자정리): 만나면 반드시 이별하게 됨.
- 橫說竪說(횡설수설): 요점 없이 이말 저말 하는 것.
- 興盡悲來(흥진비래): 즐거운 일이 다 하면 슬픈 일이 온다.

• 한가한 배들

행복은 성적순이 아니다